区块链技术在油气行业的
应用与前景

吕建中 杨 虹 编著

石油工业出版社

内 容 提 要

本书从区块链技术概述、主要应用领域、油气行业的实践、技术发展前景等方面对区块链技术的发展与应用进行了介绍，以通俗易懂的方式介绍了区块链涉及的重要概念与应用方式，以期帮助油气行业的技术和管理人员了解区块链技术的核心优势和巨大潜力、产业应用落地情况、适用领域与局限性以及未来应用前景与面临的挑战。

本书适合油气行业的管理者、政策制定者及对区块链技术感兴趣的读者阅读和参考。

图书在版编目(CIP)数据

区块链技术在油气行业的应用与前景/吕建中，杨虹编著.—北京：石油工业出版社，2021.1
ISBN 978-7-5183-4144-3

Ⅰ.①区… Ⅱ.①吕… ②杨… Ⅲ.① 电子商务-支付方式-应用-石油工业-工业发展-研究 ②电子商务-支付方式-应用-天然气工业-工业发展-研究 Ⅳ.①F407.22

中国版本图书馆 CIP 数据核字(2020)第 132266 号

出版发行：石油工业出版社
　　　　（北京安定门外安华里2区1号楼　100011）
　　网　址：www.petropub.com
　　编辑部：(010)64523546
　　图书营销中心：(010)64523633
经　　销：全国新华书店
印　　刷：北京晨旭印刷厂

2021 年 1 月第 1 版　2021 年 1 月第 1 次印刷
710×1080 毫米　开本：1/16　印张：12
字数：150 千字

定价：68.00 元
(如出现印装质量问题，我社图书营销中心负责调换)
版权所有，翻印必究

自序

近年来，在全球数字化转型、智能化发展的浪潮中，区块链技术及其集成应用扮演着越来越重要的角色，并被越来越多的国家推上了重要的战略高度。中国政府已明确将区块链作为核心技术自主创新的重要突破口，确定主攻方向，加大投入力度，着力攻克一批关键核心技术，加快推动区块链技术和产业创新发展。社会上掀起了一股又一股"区块链"热，关于区块链的各种文章、著作、论坛、培训等如雨后春笋般涌现，区块链研究也呈现"千帆竞渡、百花齐放"的态势，各自从不同的视角、行业领域，展示区块链技术及其集成应用在新的技术革命和产业变革中发挥的重要作用。

油气行业具有技术含量高、不确定因素多、投资规模大的特点，一直是各类新技术率先应用的重要领域，并切实依靠技术创新实现油气行业的可持续发展。随着信息技术的飞速发展，以云计算、大数据、数字孪生、物联网、移动互联网、人工智能、区块链等为代表的数字技术浪潮席卷全球，油气行业也进入数字化转型的重要时期，正迎接以数字化、智能化为主要特征的新一轮技术革命。其中，区块链被视为继蒸汽机、发电机、计算机、互联网之后的第五个最具潜力引发颠覆性革命的核心技术。油气行业面临着如何尽快适应区块链技术带来的重大变革，并积极探索区块链技术在油气领域的应用场景，从而助推油气企业高质量发展的战略性选择。

早在2016年，我们就意识到区块链技术的战略性及其可能对能源行业未来的影响。作为主要从事战略和政策研究的智库机构，尽管并不直接从事技术研发及推广应用，但是需要持续跟踪国内外能源新技术发展态势，分析技术推广应用的潜力，研究相应的技术创新战略及策略，为决策机构提供技术信息咨询服务和决策支持等。正是基于对区块链技术的持续跟踪分析，我们曾形成了多份内部研究报告，并得到上级领导和决策部门的重视。2018年3月，我还接受了新闻媒体的专访，主要是结合当时出现的委内瑞拉石油币，介绍了区块链在油气行业的应用潜力，也引起了各方面的积极反响。为更广泛地分享这方面的知识积累，我们尝试着将相关资料做进一步的梳理，这就形成了本书的基础。非常感谢石油工业出版社的厚爱，对出版本书给予了大力支持。

为了便于读者对本书内容的阅读和理解，先简单谈一谈以下几个问题：

首先，究竟什么是区块链。2008年，区块链概念最早在中本聪发表的《比特币：一种点对点的电子现金系统》一文中首次提出，文中的区块链主要是用于支撑比特币的一项技术，而比特币则是区块链技术首次大规模应用到全球网络的一个典型案例，未来区块链技术可以应用到金融服务、社会生活等众多领域。经过多年的发展升级，今天人们对区块链技术的定义已远远超出了最初的认知，普遍认同的含义包括：区块链技术是一种分布式记账底层技术，具有去中心、去信任等核心优点，能较完美地解决共享经济发展过程中的信息不对称、交易成本高、陌生人信任等难题。

从技术角度说，区块链是点对点网络上构建的分布式数据库，其中利用非对称加密算法进行加密的每个数据存储单元被称为区块，而区块与区块按照时间顺序相连就形成了区块链。所有的数字资产都可以采用区块链技术在互联网上进行安全地流通、转移、交换和交易。区块链解决了互联网上的信任问题，所以必须看到，区块链不仅仅是一种技术，它还是一种新的经济理念、一种经济组织形式和一种经济贸易方式。在区块链技术下，由于数字信息分布在整个网络中，而不是单个计算机或数据存储平台，使其不易受到恶意攻击。它的记录是公开的，任何人都可以轻松验证。每次数据交换都存储在区块上，每个区块都包含一个时间戳和到前一个区块的链接。区块链记录的信息可以回溯、很难被改变，从而使记录可以被验证和永久保存。

其次，数字货币将在区块链技术应用中独领风骚。近年来，随着比特币的快速发展与普及，区块链技术的研究与应用呈现出爆发式增长态势。甚至有人认为，区块链作为新兴技术，短时期内得到如此多的关注，在现代科技史上并不多见。2018年初，委内瑞拉利用区块链技术发行石油币，创造了油气行业的一种新业态、新模式。石油币拥有交换手段、数字平台、储蓄和投资功能三大用途。委内瑞拉的旅游业、部分汽油销售和原油交易可以接受石油币支付。石油币将被用来进行国际支付，成为委内瑞拉在国际上融资的一种新方式。在委内瑞拉正式发售石油币之前，已有多个国家酝酿推出加密数字货币。比如，以色列钻石交易所宣布发行两种基于钻石的加密数字货币，俄罗斯政府计划推出"加密卢布"，瑞典央行考虑发行自己的数字货币"电子克朗"，日本、新加坡和爱沙尼亚等国家也在考虑推出自己的加密数字货币。委内瑞拉政府敢为天下先，对其他国家或许是一种激励和示范，未来很可能在各大交易所看到更多以国家信用作为背书的虚拟货币。

2019年，区块链再次受到了全球范围更广泛的关注。这一年，全球最大的社交网络平台Facebook发布了基于区块链技术的项目Libra，希望构建新的全球货币和金融基础设施。

特别值得一提的是，中国的央行数字货币(DCEP)已经浮出水面。DCEP，全称为Digital Currency Electronic Payment，是中国人民银行未来准备发行的数字货币。它是一种数字货币和电子支付工具，是人民币纸钞的替代品，功能和属性跟纸钞完全一样，主要用于零售支付。DCEP跟纸钞一样，不需要任何银行账户，手机上有DCEP的数字钱包就可以了。纸币具备一定匿名性，而DCEP采用区块链技术，既具备一定匿名性，又可以追踪，用它支付的每一笔交易都会留下痕迹。DCEP与比特币、以太坊等不同，比特币没有发行主体，属于真正去中心化，而DCEP则是由央行这一主体发行，虽然采用了区块链技术，但采用的是中心化的运行方式，是人民币的数字化。

再则，区块链技术在油气行业的应用前景广阔。早在2016年，全球油气行业的管理人员就开始对区块链表现出广泛的兴趣。根据国际咨询机构发布的报告，55%的油气行业主管人员认为区块链技术有助于企业保持竞争优势，而45%的人承认其具有成为突破性技术的潜力。应当说，在资金密集、资源分布广泛的油气行业，区块链技术潜在的应用场景极为广泛。区块链技术在油气行业的应用可以大致分为"点""线""面"三个阶段。其中，"点"代表油气行业中合约、跨境支付、土地管理等单一业务的应用；"线"代表某一产品在整个供应链条上的全节点串联应用；"面"代表了"线"的集成和交织形成网络，在产品的全生命周期中发挥作用。

近年来，区块链在原油进出口贸易领域得到有效应用。一个有多家国际大石油公司参加的、以区块链技术为基础的交易处理平台——VAKT崭露头角，旨在消除围绕石油交易的大量冗余工作，以减少交易时间和融资成本。VAKT声称它可以将交易效率提高30%~40%，融资成本也可以降低30%~40%。当然，VAKT并不是唯一使用分布式账本技术的石油交易平台，另一个由多家银行设立、涵盖所有大宗商品交易的Komgo平台，也是区块链技术的应用案例。

油气行业是一个复杂的上下游业务系统，各个方面和环节都会产生庞大的数据。区块链技术可以应用到从上游勘探开发到下游炼化、销售的每个领域。比如，区块链技术可以更好地保护油气领域高度分散的数据，在集中的架构下发现安全隐患，确保网络安全运行。对炼油厂来说，则可以利用这项技术以更安全的方式与供应商共享信息，从而提高数据的完整性和真实性。区块链技术还可以充实石油运输数据的完整性。通过区块链技术，人们可以跟踪和核实石油的来源，这与货物质量和其他因素有关。

最后，想强调一下，要科学理性地看待区块链。区块链提供了一种价值互联的基础设施，它不仅是技术创新，更是协作、信任、管理等机制的创新，或将引发生产关系的变革。但是，区块链技术本身还处于不断发展之中。任何技术的发展都需要一个厚积薄发的过程，技术成熟和落地是需要时间的。就区块链来说，不仅存在着技术本身的局限性，包括数据存储能力、执行效率、可扩展性、安全性等方面的问题，同时还面临着大量非技术难题。区块链并非能够解决所有问题、适合所有场景，需要以科学理性和审慎的态度对待这项新兴技术。区块链要真正实现价值的互联互通，必须解决底层技术、业务以及数据的标准化问题，没有标准化就无法实现大规模应用与推广。也需要对区块链的适用场景进行准确定位。区块链产业上包含大量不同类型的主体，客观上增加了区块链技术合作领域的复杂性和协调难度。与所有新兴技术刚出现时面临的情况一样，区块链技术的出现给人们带来了无限的想象空间，而要落到实处，需要找到其最佳的技术适用场景，探索对经济社会最有益的应用方式。

面对区块链技术，既不能盲目跟风、陷入炒作的陷阱，又要充分认识到这类新技术在油气行业中所蕴藏的应用价值。油气企业应尽快适应区块链技术应用可能带来的商业模式变革，积极探索区块链技术在油气领域的应用，科学谋划区块链应用战略，综合各业务领域需求，从战略高度做好区块链应用的顶层设计。同时，开展区块链示范应用，并加强相关技术人才的培养和储备。

科技的浪潮变化更迭，推动着人类社会的车轮滚滚向前。回首过去，每一次革命都对人类的生产生活方式产生了深远的影响；放眼未来，区块链能否站上新的浪潮之巅，为人类社会的政治、经济、文化、生活带来巨变，让我们一同拭目以待！

吕建中

2020 年 6 月于北京

前言 PREFACE

近年来随着比特币的快速发展与普及，区块链技术的研究与应用呈现出爆发式增长态势。"区块链"作为新兴技术，短时期内得到如此多的关注，在现代科技史上并不多见。2019年，区块链技术再次受到了全球范围的广泛关注。这一年，全球最大的社交网络平台Facebook发布了基于区块链技术的项目Libra，希望构建新的全球货币和金融基础设施；中国的央行数字货币浮出水面。同年，中国政府明确要加快推动区块链技术和产业创新发展，提出"区块链技术的集成应用在新的技术革新和产业变革中起着重要作用；要把区块链作为核心技术自主创新的重要突破口，明确主攻方向，加大投入力度，着力攻克一批关键核心技术，加快推动区块链技术和产业创新发展"。

区块链提供了一种价值互联的基础设施，它不仅是技术创新，更是协作、信任机制、管理等机制创新，或将引发生产关系的变革。

本书共5章。第一章介绍了区块链的技术发展、内涵与核心技术、主要类型、技术特征与优势、各国政府的态度政策、技术标准情况等概念和进展。第二章总结了目前区块链技术的主要探索与应用领域及案例，包括在金融、存证及版权、社会管理与政务服务、医疗与共享经济等领域的实践。第三章梳理总结了国内石油公司在油气贸易、金融、生产管理等领域对区块链的应用。第四章分析了区块链在油气行业中的主要应用价值、应用领域以及发展策略，并提出了石油公司可以率先开展探索应用，如数字存证与确权、交接计量、货品溯源、供应链金融、原油/油品贸易等业务适宜优先开展试点。第五章在对目前区块链的技术局限性、应用配套条件制约、技术及应用成熟度等进行分析的基础上，预判了区块链的技术发展方向和应用发展趋势。

本书由中国石油经济技术研究院副院长吕建中统筹编写，主要合作者院级首席专家杨虹，为书稿的整理和编写付出了艰辛劳动，是重要的贡献者。邱茂鑫、周大通、漆志刚、李哲、孙乃达等协作完成了大量的前期工作，包括部分章节的资料收集、整理、分析等。中国石油天然气集团有限公司原副总工程师刘振武、企业信息化专家曾萍等友情帮助审稿，并提出了宝贵的修改意见。另外，本书在编写过程中参考了许多文献资料，引用了一些专家学者的研究成果，也搜集和采用了大量的网络公开资料，不能逐一指出其出处，在此一并谨致谢忱。

由于水平有限，书中难免有不妥之处，敬请广大读者批评指正。

目录 CONTENTS

第一章 区块链技术概述 ·················· 1
第一节 区块链的起源与发展 ·················· 1
第二节 区块链的内涵与核心技术 ·················· 13
第三节 区块链的类型 ·················· 32
第四节 区块链的技术特征与价值 ·················· 35
第五节 社会的接纳 ·················· 40
第六节 区块链的标准 ·················· 46

第二章 区块链技术示范与应用 ·················· 51
第一节 应用领域与发展态势 ·················· 51
第二节 金融领域 ·················· 61
第三节 供应链领域 ·················· 75
第四节 存证及版权领域 ·················· 80
第五节 社会管理与政务服务 ·················· 83
第六节 能源领域 ·················· 88
第七节 其他领域 ·················· 93

第三章　区块链技术油气领域实践 ········· 96
第一节　国外的应用案例 ············· 96
第二节　国内的应用案例 ············· 110

第四章　区块链技术油气行业未来场景 ······· 117
第一节　油气行业的主要特点 ··········· 117
第二节　油气行业的数字化转型 ·········· 121
第三节　区块链与油气行业的融合 ········· 125
第四节　石油公司的探索场景 ··········· 134

第五章　区块链技术挑战与趋势 ··········· 145
第一节　面临的主要挑战 ············· 145
第二节　发展前景与趋势 ············· 154

参考文献 ···················· 168

附录　术语及缩略语解释 ············· 177
附录1　术语 ·················· 177
附录2　缩略语 ················· 178

第一章

区块链技术概述

第一节 区块链的起源与发展

一、区块链的定义

国际标准化组织(ISO)对区块链(Blockchain)最新的定义是:"区块链是用密码技术将共识确认的区块按顺序追加形成的分布式账本。"

区块链是一种分布式的记账方式。"记账"就是对数据和信息的存储和管理。"分布式"也可称为"去中心化",是指组成区块链系统的众多计算机,并不是由一个中心化的机构或组织拥有,而是由众多机构、组织、群体等共同拥有的。

区块链技术是通过多种技术的集成,建立了一种新的分布式数据记录与存储体系,存储数据的区块都被打上了时间戳,并使其形成一个连续的、前后关联的数据记录存储结构,由此建立一个可信的分布式数据库。简单地说,区块链技术就是在分布式计算机网络基础上,对数据进行存储或操作的技术。突出的特点是,任何数据存入这个系统后,该数据都不可销毁、不可篡改,系统的数据记录、存储与更新规则都是为建立人们对系统信任而设计的。

"区块链"这一名字表征了数据记录的某种特殊方式,其实是一个运行在多节点分布式网络或计算机的数据库(账本),交易被传递到多节点分布式网络或计算机,再根据一组约定的规则(协商一致机制)对其进行验证;验证后,该交易将与其他交易打包到一个数据区块,并添加时间戳;这些数据区块按照时间顺序组成链式的数据结构,形成不断增长的数据库(账本),记录所有在网络上执行的交易历史。这些记录由网络中的每个计算机(节点)共享,并不断更新和同步。

区块链系统工作流程(图1-1)为:(1)网络中节点用户发起新的交易请求(如A向B转账10元);(2)交易请求在点对点的网络中进行广播转发;(3)接收节点对收到的交易进行各自的检验;(4)通过验证,与其他交易打包记录到一个新区块;(5)系统通过一种共识算法,选取记录新区块的节点,这个获得记账权的节点将新区块追加到区块链数据结构中;(6)A向B转账10元的交易完成,被计入区块链中。

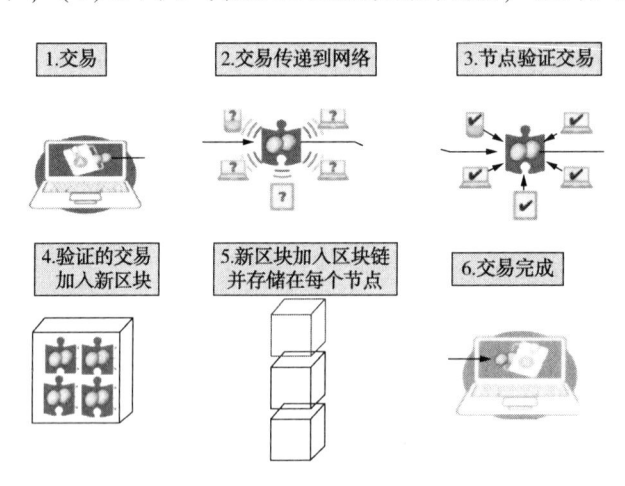

图1-1 区块链系统的工作流程

《经济学人》(*The Economist*)称区块链是"制造信任的机器"。区块链技术,表面上解决的是技术性的问题,本质上解决的是信任问题,是基于代码或算法的信任、不可篡改的信任、广而告之的信任,解决在一个缺乏信任的环境下信任的建立和传递问题。

什么是信任？在社会科学中，信任被认为是一种依赖关系。相互依赖表示双方之间存在着交换关系，无论交换内容为何，己方利益必须靠对方才能实现。在管理学中，信任就是信任方放弃了对被信任方的监督和控制的能力，宁愿使自己暴露弱点处于具备风险的环境中，相信对方不会损害自己利益的信念。信任是一种重要的社会资源，是一切商业活动和组织行为的前提。建立了信任，意味着可以降低组织和社会的运行成本，提高运行效率。

现代商业社会运行中，主要通过制度来建立信任，通过合同、契约、法律、规则等来保障，其运行成本较高。区块链系统中数据的不可篡改性，使人类历史上第一次出现了不依赖第三方主观意志的客观信任，数据保存在区块链数据结构上后，没有任何人或机构可以篡改该数据，实现了基于机器或算法的信任保障。所以说，区块链信任创造性地扩大了信任的范围，降低了信任的成本，进一步推动了人类信任客观化的进程，为更大范围内的全球一体化协作开辟了新的可能。

陈纯院士讲的故事

一个村子里，张三借给李四100元，他要让大家知道这笔账，就通过村里的广播站播出。全体村民听到这个广播，收到信息，每个村民根据自己的判断或方式核验信息真伪，然后把这个信息记在自己的账本上。这样一来，全部村民的账本上都写着"张三借给李四100元"。事后这笔借款就不会有纠纷，也没有做假账的可能。这个记账系统是分布式或多中心化的，账本数据根据时间顺序组装排列为一个个区块，区块连起来就成了区块链。

二、区块链与比特币

区块链作为21世纪最前沿的现象级概念，其实由来已久。区块链是由多种历经多年发展的技术组成，包括密码学、数学、经济学、社会学、网络技术等，但是这种基于分布式技术的区块链却是因比特币的出现而受到广泛关注，是作为比特币的底层开发技术而举世闻名。

2008年，化名为"中本聪"（Satoshi Nakamoto）的日本学者发表了一篇论文《比特币：一种点对点电子现金系统》。论文中提出了"区块链"的概念，并描述了如何建立一套全新的、去中心化的、不需要信任基础的点到点交易体系的方法，提出了采用一种去中心化基础架构与分布式存储共识技术，即区块链技术建立比特币系统：一个纯粹的点对点电子现金系统，使在线支付能够直接由一方发起并支付给另一人，中间不需要通过任何金融机构；不需要授信的第三方支持就能防止多次重复支付，解决了点对点网络环境中的双重支付问题；对全部交易加上时间戳，并将它们并入一个不断延展的链条作为交易记录；系统本身需要的基础设施少，节点可以随时离开和重新加入网络。

基于此理论建立的系统，无须中心化节点的干预或参与，只要让网络扮演信用中介的角色，就能实现有效的点对点交易。该系统在不涉及任何金融机构的情况下和不需要交易双方相互信任的基础上允许个人发送和接收支付，首次通过技术手段实现了交易主体间共识机制的建立。论文中提出的方法的可操作性和实现性已经被自2009年起稳定运行十多年的比特币系统所证明。

比特币是由分布式网络系统自动生成的数字货币。与传统的货币发行方式不同，比特币发行过程不依赖特定的中心化机构，而是依赖于分布式网络节点共同参与一种称为工作量证明（Proof of Work，PoW）

的共识机制由系统获得。图1-2显示了比特币的生成过程(俗称挖矿)。该系统中的每个节点称为矿工,他们均是自愿加入系统,彼此关系平等。矿工是比特币系统的建设者和运维者,他们投资购买计算机等设备参与挖矿工作,获取系统奖励的比特币。

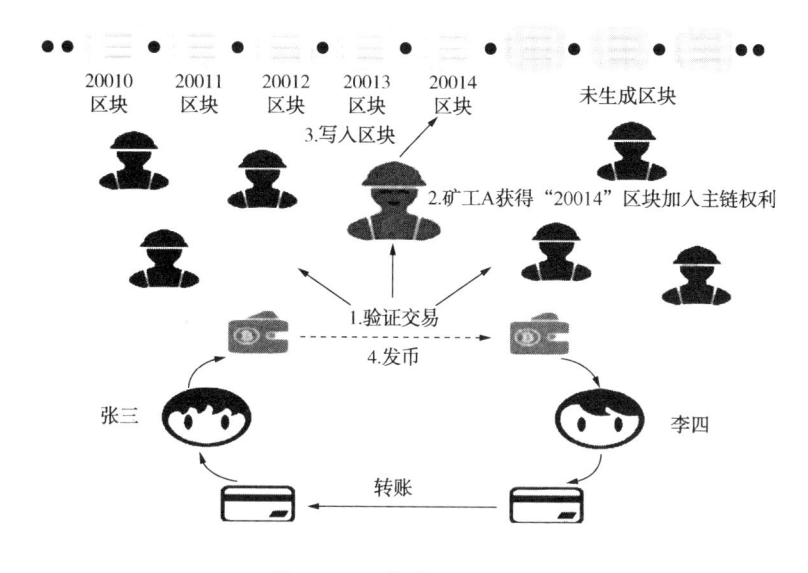

图1-2 比特币的运行机制

李四从张三那里买10个比特币,张三说:"我转你10个币,你往我银行卡转10000美金。"该交易信息发布给系统中的每个节点(俗称矿工)进行验证并记录。与此同时,每个矿工用自己的计算资源来竞争解决一个数学问题,第一个成功解决该数学问题的矿工将获得记账权,将当前一个时间段的所有比特币交易信息打包记入一个新的区块,再将新区块按照时间顺序链接到比特币主链上。为了奖励该矿工参与记账工作,比特币系统发行一定数量的比特币给该矿工,同时激励矿工们积极参与记账工作,以维持比特币系统的持续稳定运行。

在进行转账的比特币流通过程中,系统依靠密码学方法来保障转账安全。每一次比特币交易都经过特殊算法处理和全体矿工验证后再记入区块链数据结构。由此可见，比特币系统采用的区块链技术实际上是多种技术的集成，包括分布式的点对点网络系统、去中心化的共识算法、适度的经济激励机制等。

激励机制是中本聪在比特币系统中的重要发明。矿工凭什么加入？是因为有奖励，激励参与者不断提高算力积极参与记账工作。去中心化系统中的节点本身是自利的，最大化自身收益是其参与数据验证和记账的根本目标。因此，必须设计一种激励机制，使得每个节点最大化自身收益的个体理性行为与保障去中心化区块链系统的安全和有效性的整体目标相吻合。区块链系统通过设计适度的经济激励机制并与共识过程相集成，有效地调动参与方，汇聚大规模的节点参与，保障了系统长期稳定有效运行。比特币的经济激励由新发行奖励和交易流通过程中的手续费两部分组成。获得记账权的矿工会获得比特币奖励和记入新区块中所有交易的手续费。因此，只有当所有矿工通力合作共同构建共享和可信的区块链历史记录，并维护比特币系统的有效性，其获得的比特币才会有价值。

比特币系统采用的区块链技术解决了数字加密货币领域长期以来所必须面对的两个重要问题：双重支付问题和网络信任问题。

双重支付问题，也称双花问题，即利用货币的数字特性，两次或多次使用"同一笔钱"完成支付。传统金融和货币体系中，因为现金或法定货币是物理实体，可以自然地避免双重支付。对于数字形式的货币，通常需要可信的第三方中心机构（如银行、支付宝）来做中间担保。而比特币则是在没有第三方机构的情况下，通过分布式节点的验证和共识机制解决了没有中心机构的双重支付问题，在信息传输的同时完成了价值转移。

网络信任问题，也就是传统的"拜占庭将军问题"，是分布式系统交互过程普遍面临的难题，即在缺少可信任的中央节点的情况下，分布式节点如何达成共识和建立互信。区块链通过共识机制实现了在对单个节点建立信任的基础上构建一个去中心化的可信任系统。与传统中心机构(如中央银行)的信用背书机制不同的是，区块链采用软件系统建立信用体系，这标志着中心化的国家信用向去中心化的算法信用的变革。

拜占庭将军问题

古老的拜占庭帝国是一个强大的国家，他们常常进攻他国以扩大疆土。这次，他们打算攻打一个也很强大的国家多米诺，采取的战略是兵分十路，包抄多米诺，这样他们才会赢。他们按照地形，每支队伍先驻扎下来做好准备等待进攻时刻。这时问题来了，十支部队如今分开了，只要有一个或多个将军是奸细或有将军临时反叛，到了约定的时间不冲锋陷阵，那么战争就会失败，损失也将极为惨重。多米诺国如果反攻，后果将会更严重。

拜占庭将军问题，即在行动时如何达成共识，这是1982年科学家Lamport在论文中首先提出的，核心意旨是：所有忠诚的将军决定一致的计划，少数叛徒不能使忠诚将军采用错误的计划。

互联网上，每台计算机都是一个个完全相等的节点，只能靠通信来协调，没有权威背书或信任，如果把互联网上独立平等的节点想象成部队，如何达成共识即为拜占庭将军问题。直到2009年，比特币的出现才算解决了这一问题。

系统采用的工作机制是工作量证明，其主要特征是众多参与节点需要做一定难度的工作得出一个结果，谁先得出立即全网广播，其他节点很容易通过结果检查出之前节点是不是做了相应的工作，一旦结果被证明正确，其他节点会把之前节点的结果添加到各自的账单中，为争取下一笔的交易记录做好计算的准备。

沿用比特币的工作机制，将军A在互联网上先发布了一个消息"进攻"并附上了自己的签名"将军A"，即[进攻+将军A]（这则消息容易被其他将军证实确实是将军A发出的）。

将军A的消息被其他节点收到，如果其他将军也打算进攻，则在将军A的消息后面跟上自己的信息，如[进攻+将军B]，以此类推。当此类消息达到十个，他们必将一同发起进攻。

比特币的发展

2009年1月中本聪发布了比特币客户端，通过代码制作了序号为1的区块，并与序号为0的创世区块相连接形成了链，标志着比特币区块链诞生，比特币网络系统正式上线。一周后，中本聪发送了10个比特币给密码学专家哈尔芬尼，形成了比特币史上第一次交易。2010年5月，佛罗里达程序员用1万比特币购买价值为25美元的比萨，从而诞生了比特币的第一个公允汇率。此后，比特币价格快速上涨，并在2013年11月创下每枚比特币兑换1242美元的新高，超过同期每盎司1241.98美元的黄金价格。截至目前，比特币单价历史最高点是2017年12月创下的近2万美元，2019年的市场价格在7000美元左右。目前，全球约有10万名商家接受比特币交易，中国是比特币交易增长最为迅速的国家。比特币系统已经平稳运行了11年，没有出现过大的技术失误。

比特币的生态圈

　　比特币的开源特性吸引了大量开发者持续性地贡献其创新技术、方法和机制，凭借区块链的技术优势，目前比特币已经形成体系完备的涵盖发行、流通和金融衍生市场的产业链与生态圈，长期占据数字加密货币大部分市场份额。比特币生态圈如图1-3所示。

　　在发行环节，比特币系统中的每个矿工提供算力参与记账来保证系统的稳定和安全性，设备商销售专门用于工作量证明共识算法的专业设备，即矿机，为矿工提供算力。比特币网络则发行一定数量的比特币奖励参与挖矿的矿工。部分矿工相互合作建立收益共享的矿池，以便汇集算力来提高获得比特币的概率。这些大量配备专业矿机设备的矿工积极参与挖矿，其根本目的是通过获取比特币奖励并将比特币换为相应法定货币以实现盈利。

　　比特币经发行进入流通环节后，持币人可以通过比特币钱包等特定的软件平台向商家支付比特币来购买商品或服务，这体现了比特币的货币属性。此外，由于比特币价格的涨跌，使其完全具备金融衍生品的所有属性，于是出现了比特币交易平台，以方便持币人投资或投机比特币。在流通环节和金融市场中，每一笔比特币交易都会由全体矿工验证并记入区块链数据结构。

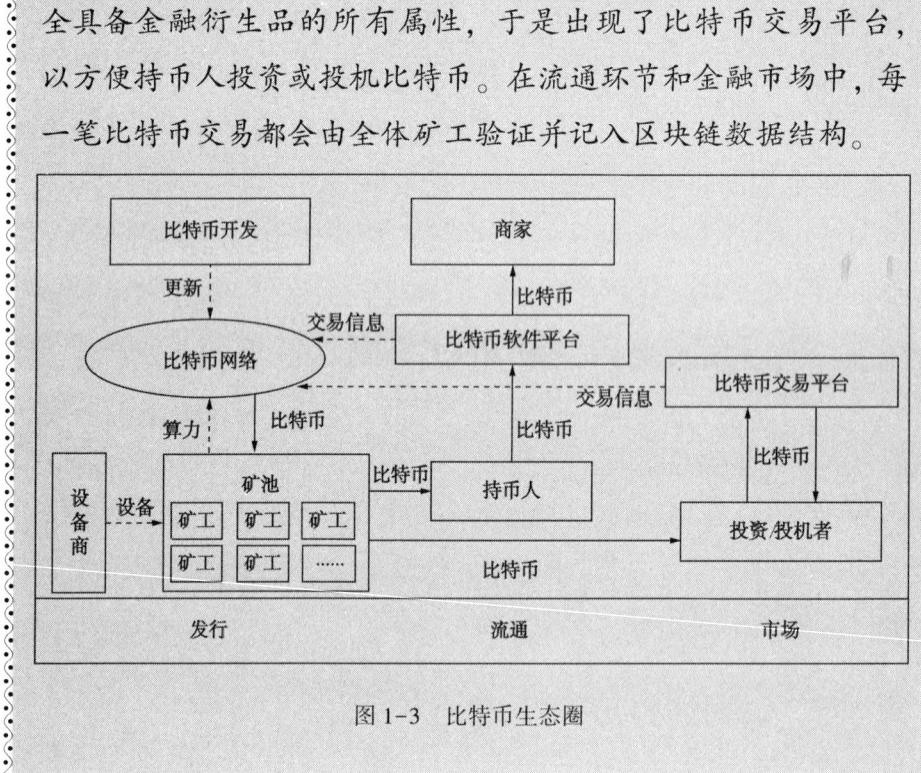

图 1-3　比特币生态圈

三、区块链的发展

区块链技术是构成比特币这种电子交易体系的底层技术和基础架构。比特币逐渐成熟之后，作为其重要的底层技术的区块链技术逐渐被人们所认知和接受，并在2011年开始发展为一种新的技术领域，在全球范围内掀起技术革新的热潮。2015年被称为世界区块链元年。2016年，中国工业和信息化部（以下简称工信部）出台了《中国区块链技术与应用发展白皮书（2016）》，这是区块链技术在我国应用的第一份官方指导文件，当年被称为中国区块链元年。比特币只是区块链的一种应用，也是迄今最为成功的区块链应用场景。

区块链技术中包含了分布式数据存储、点对点传输、共识机制、加密算法等一系列已有计算机技术，这些技术已经历了十几年甚至几十年的发展演变过程。区块链技术在已有技术组合体的基础上不断融入新技术，应用领域也逐步扩展。从技术发展进程和应用范围的角度，可将区块链技术发展大致分为区块链1.0、区块链2.0和区块链3.0三个发展阶段，如图1-4所示。

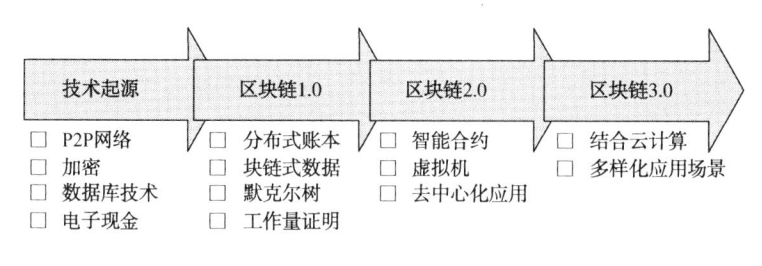

技术起源	区块链1.0	区块链2.0	区块链3.0
□ P2P网络 □ 加密 □ 数据库技术 □ 电子现金	□ 分布式账本 □ 块链式数据 □ 默克尔树 □ 工作量证明	□ 智能合约 □ 虚拟机 □ 去中心化应用	□ 结合云计算 □ 多样化应用场景

图1-4 区块链技术发展阶段

区块链1.0：数字货币阶段。主要应用于货币领域，比如比特币及其他加密数字货币的应用，最典型的代表就是2009年1月上线的比特币，核心贡献是建立了一套密码学的账本，提供了一套新的记账方法。区块链1.0的技术特征是链状数据块结构、全网共享的分布式账本、非对称加密、源代码开源等。比特币为代表的区块链有一个缺陷，即所有的规则是事先写好的，没有人可以在比特币区块链上修改任何规则，只能使用，不能在它的基础上再发展，也不支持在它的上面再开发。

区块链2.0：智能合约阶段。2013年12月，俄罗斯天才少年Vitalik Buterin发表以太坊项目白皮书，在比特币区块链基础上进行了重大改革，将以太坊作为一个运行智能合约的去中心化平台，2014年7月30日正式上线。与比特币的最大不同是，以太坊区块链作为底层基础，可以支持在上面开发其他应用和编写智能合约，确认交易时间由10分钟缩短至9秒，吞吐量也大大增加。以太坊改变了区块链的应用格局，使得区块链逐步应用到更多领域，也催生了去中心化自治组织。2017年7月，一个广受关注的研究区块链的技术联盟——超级账本联盟，发布了可构建应用的产品级解决方案Fabric 1.0版本，成为第一个落地的可开发商业应用的区块链平台。区块链2.0的技术特征是智能合约、分布式应用、虚拟机等，区块链商业应用也进入新阶段，IBM、微软等大型信息技术公司开始进入，R3ECV与20余家公司结盟，企业以太坊联盟（EEA）成立。世界各地银行、券商投资机构、商业巨头开始进行区块链应用测试阶段，市场迎来分化。其应用场景已不再局限于加密数字货币领域，开始进入经济社会的各个主要领域，例如股票、债券、贷款、抵押贷款、土地权益、智能产权等，特别是智能合约应用和分布式应用（DAPP），如分布式身份认证、分布式域名系统、分布式自治组织等。区块链技术作为比肩互联网的技术得到共识。

区块链3.0：区块链生态阶段。2018年开始进入区块链3.0阶段，该阶段没有突破性技术进步，主要是渐进式的技术性能提升，以EOS系统（Enterprise Operation System）为代表的区块链底层技术逐步成熟，开发出多个链上应用，多种共识算法能够支持类型更多、规模更大的交易。以太坊推出企业以太坊系统，只允许系统内机构读取数据和发送交易，并且共同记录交易数据，极大地提高了交易速度。Fabric、Quorum、Corda等联盟链发展较快。区块链3.0能够对互联网中代表价值的数据和文档等信息进行产权确认、计量和存储，从而实现资产在区块链上可被追踪、控制和交易，与实体资产和真实价值相关联，推动实体经济的发展。基于区块链的稳定币，尤其以Libra为代表的项目开始出现，区块链从金融领域扩展至政府、医疗、科学、法律、娱乐等其他诸多行业，在能源大宗贸易、航运物流、金融支付、存证溯源等领域落地并小规模商用，逐步形成区块链生态。区块链解决了信任问题，可以作为支撑组织、公司、社会等多种形态运转的底层技术，促进人类活动协调与社会治理，提高全社会的运转效率。

当然，区块链1.0、区块链2.0、区块链3.0等各阶段不是替代关系，只是划分了代表性技术和应用出现的大致时间，各阶段出现的技术和应用均在不断发展演进。

截至2019年10月，区块链专利申请数量累计达到2.4万条，参与申请区块链专利的国家已增至35个。中国成为区块链专利的主要申请国。2019年前10个月，申请专利合计达到4765条，其中中国申请了3256条专利，占全球总数的68%，美国申请了1077条专利，占全球总数的23%（图1-5）。

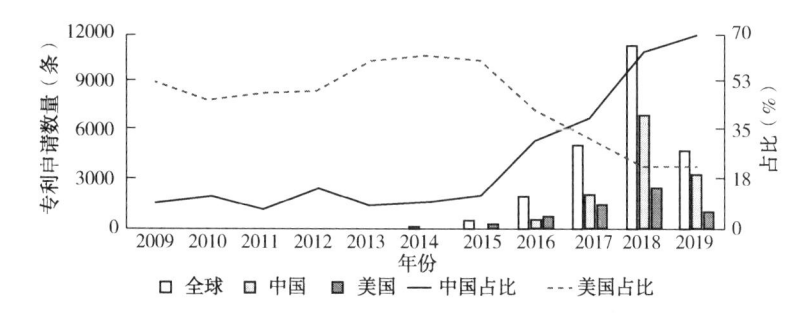

图1-5　2009—2019年10月中美两国区块链专利申请情况

第二节　区块链的内涵与核心技术

一、区块链的内涵

从记账的角度出发，区块链是一种分布式账本技术或账本系统；

从协议的角度出发，区块链是一种解决数据信任问题的互联网协议；从经济学的角度出发，区块链是一个提升合作效率的价值互联网。

区块链包含社会学、经济学和计算机科学的一般理论和规律，就计算机技术而言，包含分布式存储、点对点网络、密码学、智能合约、共识算法等一系列复杂技术。由于跨学科融合支撑，使得区块链构建了一个在数字世界中自治理、可信赖、可溯源的系统。

"区块链"这个术语有多种解释和多种语义，可以作为一种数据结构的名称，可以作为一种算法的名称，可以作为一种技术方案或系统的名称，也可以作为一种完全去中心化点对点系统。

（1）一种数据结构。数据结构是对数据进行整理的方法。区块链是一种按照时间顺序将数据区块以顺序相连的方式组合成的一种链式数据结构。可以将"区块"类比为一本书中的一页，每页都包含了特定的信息，通过页码确定自己的位置，按照页码顺序将各页连接起来就成为一本书；通过检查一本书中页码的连续性可以判断是否存在丢失的页。将区块相互之间像链条一样连接起来，就成为区块链，各区块前后连接，难以被篡改。

（2）一种算法。算法是让计算机完成的一系列逻辑指令，通常包括数据结构信息。区块链是在一个完全去中心化的点对点系统中，将大量特定数据结构的数据协调妥善组织在一起的算法。区块链系统中，各参与方按照事先约定的共识规则共同存储信息，类似于一种完美的民主投票方法。

（3）一种分布式账本。区块链可以视为一种实现完全去中心化点对点的分布式账本系统，由多方共同维护，账本数据根据时间顺序组装排列为一个个区块，并有序链接。

（4）一种技术方案。区块链是利用块链式数据结构来验证与存储数据，利用分布式节点共识算法来生成和更新数据，利用密码学的方式保证数据传输和访问的安全，利用由自动化脚本代码组成的智能合约来编程和操作数据，确保分布式系统完备性的一个完整技术方案。

基于区块链技术的交易模式

以网购交易为例，传统模式是买家购买商品，然后将钱打到第三方支付机构这个中介平台，等卖方发货、买方确认收货后，再由买方通知支付机构将钱打到卖方账户。由区块链技术支撑的交易模式则不同，买家和卖家可直接交易，无须通过任何中介平台。买卖双方交易后，系统通过广播的形式发布交易信息，所有收到信息的主机在确认信息无误后记录下这笔交易，相当于所有的主机都为这次交易做了数据备份。即使今后某台机器出现问题，也不会影响数据的记录，因为还有无数台机器作为备份。

二、区块链的系统设计与核心技术框架

现代软件系统主要采用两种架构，即中心化架构和去中心化(分布式)架构。在中心化系统，由一个中心计算机(也称为节点)连接其他所有计算机。去中心化系统又称分布式系统，由众多计算机组成，没有任何一个中心计算机对其他计算机进行控制和协调。图1-6显示了这两类架构，每个多边形代表了系统的一个计算机，多边形之间的线表示了两个计算机之间的联系。建立在多台计算机之上的分布式系统具有如下优势：更强的计算能力，一个分布式系统的计算能力是系统中所有互联计

算机的计算能力之和，因此拥有比中心化系统更强大的计算能力；更低的成本，一台超级计算机的搭建、维护与运营成本远远高于相同计算能力的分布式系统，特别是相对于更换超级计算机的一个模块，更换分布式系统的节点计算机，对系统的影响与开销几乎可以忽略不计；更高的可靠性，分布式系统中一个节点计算机宕机，整个系统依旧可以照常运行；自增长的能力，一个组织良好的分布式系统通过加入新的计算机就可以不断增加系统计算能力，该特性满足了大量的组织与公司的需求。

分布式系统也存在如下劣势：节点间难以协调，分布式系统没有中心节点来协调其中所有成员，系统协调需要由成员节点自己完成，增加了系统协作难度，协调过程将占用一定计算资源，产生额外开销；节点间存在冗余通信，节点协作需要通过频繁的节点间通信交流完成，需要建立完善可靠的通信协议进行发送、接收和处理消息，这也将产生额外开销；此外，对网络的过度依赖、系统编程更为复杂、对系统安全要求高。

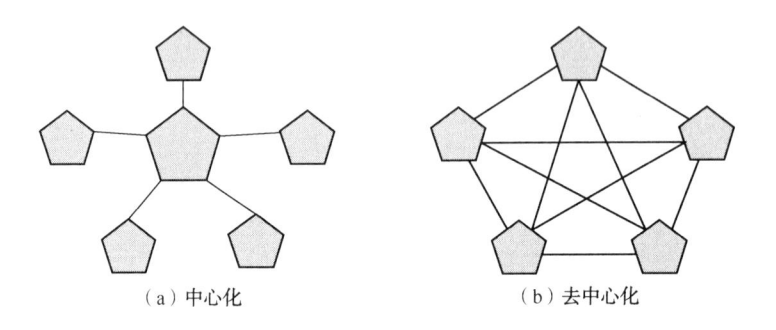

（a）中心化　　　　　　（b）去中心化

图1-6　中心化系统架构与去中心化(分布式)系统架构

区块链采用了分布式系统设计架构，并集成了多种技术，对数据进行存储或操作。一般说来，区块链系统由数据层、网络层、共识层、合约层和应用层组成，区块链的核心技术框架模型如图1-7所示。

数据、网络和共识三个层次作为区块链底层分别承担数据的生成、

应用层	程序语言	编程接口	用户界面
合约层	脚本代码	算法机制	智能合约
共识层	激励机制	PoW	PoS	DPoS	……
网络层	P2P网络	传播机制	验证机制
数据层	数据区块	链式结构	时间戳
	哈希算法	默克尔树	非对称加密

图1-7 区块链的核心技术框架模型

传播和验证的功能。其中，数据层采用合适的数据结构和数据库对交易、区块进行组织和存储管理，包含了底层数据区块以及相关的数据加密和时间戳等技术。网络层采用P2P协议完成节点间交易、区块数据的传输，包含了分布式组网机制、数据传播机制和数据验证机制等。共识层采用算法和激励机制，支持拜占庭容错和解决分布式一致性问题，主要封装网络节点的各类共识算法，以及发行和分配等激励机制（比如，获得记账权的矿工得到由系统发行的比特币）。

合约层是区块链中的商业逻辑和算法，通过构建合适的智能合约编译和运行服务框架，使得开发者能够发起交易及创建、存储和调用合约，是应用层进行灵活编程的基础。应用层提供用户可编程接口，允许用户自定义、发起和执行合约，包含区块链的各种应用场景和案例。

三、哈希算法——高效识别数据唯一性的底层技术

在分布式的点对点系统中，需要处理大量的交易数据，自然而然需要对数据进行唯一性识别，尽可能快速地进行数据间的对比。区块链中通过"数据指纹"的方法完成对各类交易数据的高效识别，就如同

通过指纹完成对人的识别。

数据指纹是通过哈希算法创建出来的哈希(散列)值。哈希算法是一种用来为任意类型数据块创建数字指纹的工具，可以视为一个很小的计算机程序，输入不同大小与类型的数据，通过算法转化输出固定长度的哈希值(数字指纹)，一组由0~9的数字和A~F的字母组成的字符串(图1-8)。

哈希算法具有如下特征：能为任意类型的数据快速创建哈希值；唯一性，相同的输入数据总能产生相同的哈希值，这就意味着，不同哈希值对应不同的输入数据；不可预测，不可能根据输入数据预测输出的哈希值；单向函数，不能基于输出的哈希值推导出输入数据，也就是不能反演推导出源数据，就像不能通过孤立指纹寻找到拥有该指纹的人；防碰撞，不同数据产生相同哈希值的概率很小，就像不同人拥有相同指纹的机会。因此，由哈希算法创建的哈希值可视为唯一的，可用于标识数据，哈希值的防碰撞特征是其成为数字指纹的必要条件。

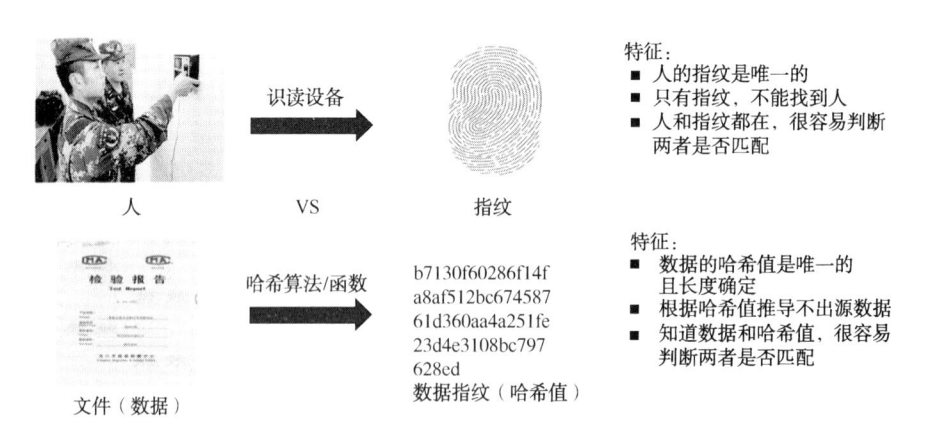

图1-8 区块链的数据指纹

哈希算法可单独应用在每一个数据块上，可以将任意数据块转化为哈希值。哈希值本身也可以认为是一个数据块，将其输入哈希函数获得这个哈希值的哈希值,这就是重复哈希的计算。通过哈希算法可以同时为多个数据块生成单个哈希值,称为组合哈希。将现有哈希值与新的数据块组合,通过哈希算法获得更新后的数据哈希值,称为顺序哈希,由此可以根据某个给定时间点的哈希值追溯到与其对应的数据块。

在区块链中,通过哈希值的比对,进行数据一致性的确认,实现对数据变化的检测。比如,发送方将一组数据发送给接收方之前,先计算该组数据(Good Morning)的哈希值(Hash GM),并将数据与其哈希值均发送出去,接收方对收到的数据(Good Morning)进行哈希计算,如果得到的哈希值(Hash GM)与收到的哈希值相同,则说明数据在传输过程中没有发生改变,如图1-9所示。

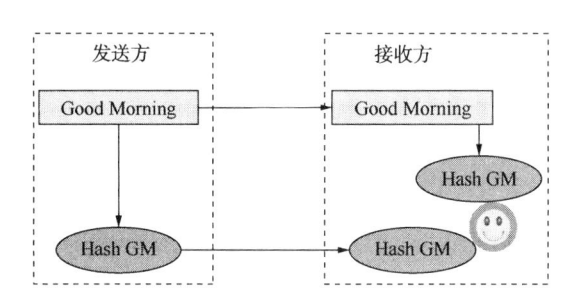

图1-9 哈希值用于数据一致性识别示意图

哈希难题是区块链中用于选择每个时段记账权节点的方式,最先破解哈希难题的节点将获得记账权,哈希难题的解答过程称为工作量证明。哈希难题是一个需要大量计算机运算资源才可破解的难题。该难题就像机械密码锁的破解,只能通过不停地尝试各种数字组合,最后试出正确的数字排列顺序,才能打开锁。破解密码锁只需要进行单纯的体力劳动,不能通过对已有知识的推理找到题解。

哈希难题如图1-10所示。寻找一个特定的随机数(Nonce),与已有的数据进行组合哈希,得到满足限制条件的哈希值。解答哈希难题只能通过不断试错：首先要猜测一个随机数，计算与数据进行组合的哈希值，然后评估哈希值是否符合限制条件；如果符合条件，就成功解决了哈希难题；否则就只能重新选取随机数，重新开始计算。

图 1-10 哈希难题的图示

获得满足限制条件的随机数是解答哈希难题的关键。限制条件称为难度，通常设定为哈希值开头必须包含多少个"0"。比如，难度为1表示哈希值的开头至少有1个"0"，难度为5表示哈希值的开头至少有5个"0"。哈希值开头的"0"越多，哈希难题的难度越大，对计算机运算能力的要求越高。

在区块链中，哈希难题的解答过程被称为工作量证明，是中本聪在比特币系统中采用的共识机制。

四、非对称加密技术——保护区块链用户资产的基础

在区块链中，大量使用了现代信息安全和密码学的技术成果，包括非对称加密、对称加密、椭圆曲线数字签名、数字证书等，同时在探索同态加密、零知识证明等加密技术。加密技术可用来保护数据安全，防止未经授权的人获取数据，是区块链上的交易能够确认并使用户资产得到保护的基础。

加密行为主要包括：加密，使用密钥将数据存为加密文档；解密，使用对应的密钥，把加密文档还原成原数据。加密流程如图 1-11 所示，发送方利用加密密钥把数据加密，以加密文档形式发送出去，接收方利用解密密钥进行解密，读取出原数据。

如果使用同一种密钥进行加密与解密，即加密密钥与解密密钥相

同,这种加密方法称为对称加密。如果使用一对互补的密钥,即加密密钥与解密密钥不同,使用其中一个将数据加密成文档之后,只能使用与之相对应的另一个密钥进行解密,这种加密方式称为非对称加密。一般将这一对密钥称为公钥和私钥,由加密软件创建一对公私钥,无法通过公钥推算出相应的私钥。公钥可向其他人公开,私钥则自己保存。发送方可以使用公钥加密要发送的信息,接收方用私钥解密接收到的加密内容,若没有私钥则无法解密对应公钥中的信息。公钥类似于邮箱地址,人人都可以往邮箱地址发送邮件,但是只有邮箱主人使用邮箱密码(相当于私钥)才能读取邮件内容。

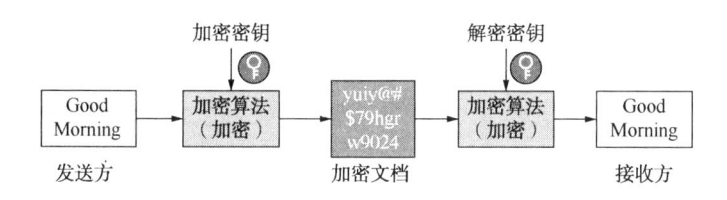

图 1-11 文档加密、解密示意图

区块链中使用非对称加密,主要实现两个目的:账户确认与交易验证。用户账号相当于公钥,人们使用公钥来确认(验证)账户同意转移资产,如图 1-12 所示。账户拥有者使用私钥对一笔交易数据进行数字签名,拥有与之对应公钥的人就可以确认这笔代表所有权转移的交易是由私钥拥有者创建的。具体来说,账户拥有者发起了交易 A,并创建了交易 A 的哈希值 HashA,再使用私钥对 HashA 进行加密,这个交易的哈希值的加密文档就是该账户对交易 A 的数

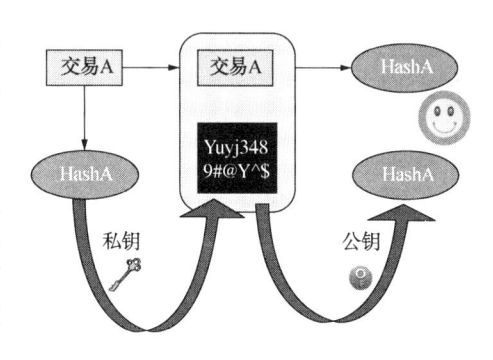

图 1-12 利用数字签名进行交易验证示意图

字签名（黑色底框中的白色字符）；这条包含交易 A 和数字签名的消息被发送出去，接收者首先自己计算交易 A 的哈希值，得到 HashA 这个值，然后用公钥对加密文档（数字签名）进行解密，得出交易 A 的哈希值 HashA，与自己计算的哈希值吻合，由此验证了：交易 A 是该账户发起的，该账户同意转移一笔资产的所有权。

五、链式数据结构——区块链交易数据的创建与存储

区块链采用链状数据结构对交易数据进行存储和管理，将区块按照时间顺序排列。区块是形成区块链的基本单元，每个区块都包含区块头（Header）和区块体（Body）两部分。图 1-13 显示了一个包含 4 笔交易的区块。

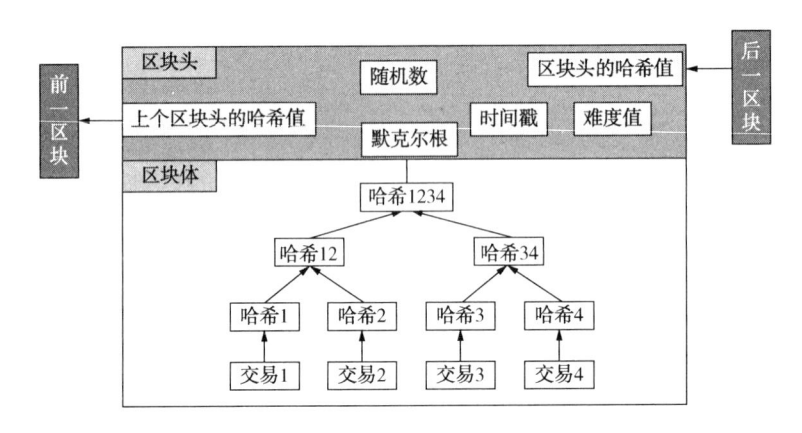

图 1-13　区块的组成

区块头中必须包括如下数据：前一个区块头的哈希值、包含交易数据的默克尔树的根（默克尔根）、哈希难题的难度等级（难度值）、开始解决哈希难题的时间（时间戳）、解决哈希难题的随机数（Nonce）以及区块头的哈希值等信息。

如何创建一个新区块呢？主要经过如下步骤（图 1-14）：（1）获取包含新交易数据的默克尔根、上个区块头的哈希值、难度值、当前时

间戳等数据，创建区块头；(2)解决哈希难题，寻找区块随机数，与步骤(1)中的数据组合哈希，得到满足难度值的、新建区块的区块头哈希值；(3)将解哈希难题的随机数和区块头哈希值添加到区块头中，便完成了新区块的创建。新区块链接到前面的区块，使区块链具备了完整性。通过解决哈希难题添加新区块的活动，也被称为挖矿。

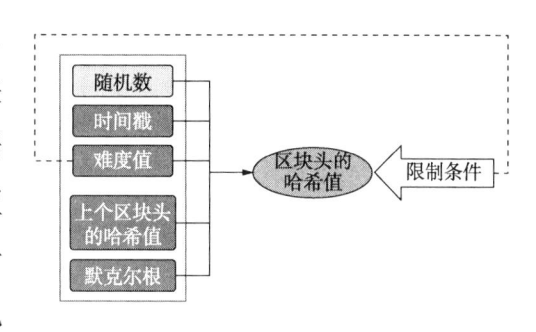

图1-14 创建新区块示意图

默克尔树(Merkle)是科学家默克尔率先提出的，看起来像是倒过来的树。区块链中的交易记录采用默克尔树结构关联起来，每次交易的哈希值按照二叉树形结构组织起来，保存在区块的块体之中。每个交易存储在默克尔树的叶子节点上，将交易数据两两合并，进行组合哈希，生成的新哈希值插入默克尔树中，接下来对新生成的哈希值再进行组合哈希，不断重复，直到计算出最后的根哈希值，计入区块头。默克尔树结构能够快速归纳和校验区块数据的存在性和完整性，还可以在仅有部分节点的情况下验证交易的有效性，这种结构还能够大幅度减少节点的存储空间。

时间戳在技术上并不复杂，但在区块链中具有重要应用意义的创新。区块链的每个区块头中包含表明该区块数据写入时间的时间戳，确保主链上各区块按照时间顺序依次排列。时间戳可以作为区块数据的存在证明，有助于形成不可篡改和不可伪造的数据库，为区块链应用于公证、知识产权注册等时间敏感领域奠定了基础。更为重要的是，时间戳为未来基于区块链的互联网和大数据增加了时间维度，使得通过区块数据和时间戳来重现历史成为可能。

可以看出，区块链数据结构有两个主要组成部分：有序的区块头组成的链和默克尔树形式保存的交易数据。采用链式结构，每个区块头都引用其前一个区块头，将各个区块按照时间顺序依次相接，形成从初始区块到当前区块的最长主链，记录了区块链数据的完整历史，如图 1-15 所示。每个区块之间环环相接，任意数据都可以通过此链式结构顺藤摸瓜、追本溯源。

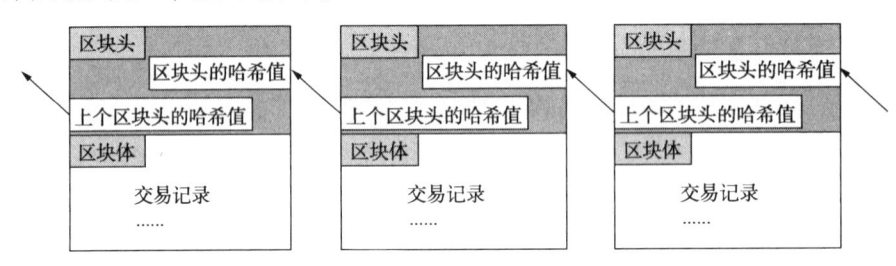

图 1-15 链式结构的区块链

如何将新的交易添加到区块链数据结构中呢？首先，创建一个新的默克尔树，将新的交易数据添加进去；然后，创新一个新的区块头，包括上一个区块头的哈希值及新交易数据对应的默克尔根；最后，给新的区块头创建一个新的区块头哈希值。这样一组新的交易就添加到区块链数据结构中了。

交易的任何修改都将引起区块链的变化，如图 1-16 所示。如果修改了交易 3 的某些特征（如交易数量或交易账户名称），就会相应地改变其在默克尔树上的哈希值，随之改变区块头 1 中的默克尔根，指向区块 2 中的哈希值随之改变，进而改变区块头 2 的哈希值，后面区块中的数据也都被破坏。最终，整个区块链数据结构都会变得无效，在图中用黑色虚线标出所有的变化。

区块链将交易数据存储在一个对修改高度敏感的数据结构中，所以，对交易修改需要有序修改后续所有哈希值，包括重写修改交易所属的默克尔树、默克尔树所属的区块头以及后续的区块头，一直到整

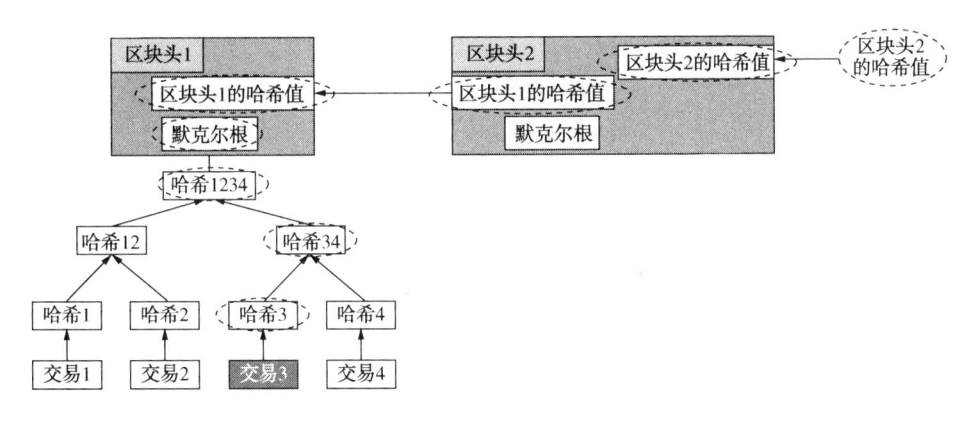

图 1-16　交易修改引起的变化

条链的末端。这个复杂过程以及伴随的巨大修改成本，对保护历史交易记录免受操纵及伪造具有重大意义。

六、点对点(P2P)网络——区块链中数据的传播与验证

区块链是一个完全分布式且实现交易数据信息共享的点对点网络，由独立的计算机组成，旨在维护存储完整历史交易记录的账本。

点对点(P2P)网络也称对等网络、端对端网络，是一种特殊的分布式系统，网络中各节点的计算机地位平等，以扁平式拓扑结构相互连通和交互，每个节点具有相同的功能、责任和权利，不存在任何中心化的特殊节点(中心服务器)和层级结构。每个节点均可以承担验证、传播交易记录和区块数据等功能。每个节点既是系统资源提供者，也是系统资源使用者，在这样的系统中，节点越多，资源就越丰富。

那么，在没有中心节点情况下，这些独立的计算机如何进行交易确认并维护历史交易记录呢？

分布式的点对点系统中的计算机通过互联网相连接，每台计算机都有独立的地址进行辨别，能在任意时间与网络系统断开或重新建立连接。每台计算机都能独立维护与其保持连接的一系列对等节点，节

点之间相互沟通收到的信息，通过各自的地址完成信息传递。

由于点对点网络中存在不可信节点，因此会出现信息丢失、信息重复、到达顺序不正确等情况。为此，区块链中每个接收到信息的节点都会通过哈希值检查交易数据和区块是否重复，如有重复，则剔除；每个节点都能根据区块头中的时间戳对收到的信息进行排序。

区块链中的算法是一系列规则和流程，用于管理各节点对交易数据的处理和添加方式，确保在分布式系统中，向区块链中添加的交易数据都是有效且经过授权的。这些算法包括验证规则、奖励与惩罚机制、竞争规则、对等节点控制等。

验证规则包括对交易数据的验证和对区块头的验证。奖励是用来鼓励提交有效区块的节点，惩罚是为了避免破坏系统诚信的行为。竞争规则是用来明确奖励的标准，包括速度竞争和质量竞争两个维度，节点间的速度竞争基于对哈希难题的解答速度，第一个提交有效难题答案的节点就是速度竞争的胜利者，也成为质量竞争的候选人；质量竞争是对提交的区块进行检查验证和纠错，如果通过验证，提交新区块的节点就会收到奖励。对等节点控制是让系统中所有节点都监督其他节点的算法，也就是说系统中每个节点既是工人也是监工，它们在验证交易和创建新区块的同时，也接收并验证其他节点创建的区块，监督和指出其他节点所犯的错误。

综上，在这个分布式点对点网络中，在任何时间点，每一个节点都既是运动员，也是裁判员。一方面，接收其他对等节点创建并提交的新区块，评估新区块的有效性，如果数据有效，则按照接收顺序记入区块链数据结构；另一方面，努力成为下一个负责创建新区块的节点，将自己创建的区块在网络中广播，发送给其他节点加以验证。区块链算法可以确保所有节点按照同样节奏完成工作：只要节点收到包含验证信息的新区块，就立刻切换到评估阶段；完成评估后，节点再切换回验证新交易数据和创建新区块阶段。

点对点网络中，按照节点存储数据量的不同，可以分为全节点和轻量级节点。全节点保存有从创世区块到当前最新区块的所有区块链数据，并实时参与区块数据的校验和记账动态更新主链。全节点的优势是不依赖任何其他节点就能够独立地实现任意区块数据的校验、查询和更新，劣势则是维护的空间成本较高。轻量级节点则仅保存一部分区块链数据，并通过简易验证方式向其相邻节点请求所需的数据进行数据校验。

七、共识机制——区块链系统的决策机制

共识机制是区块链系统中各个节点对时间窗口内事务（如交易）达成一致的策略和方法。在决策权高度分散的去中心化系统中使得各节点快速地针对区块数据的有效性达成共识，是区块链核心技术之一，也是区块链技术中最重要的技术创新。共识机制可以追溯到1982年图灵奖获得者兰波特提出的"拜占庭将军问题"，通俗来讲，一个事情需要几方达成一致，在有恶意传递信息的情况下，能确保正确的信息在几方中得到一致同步的方法。

早期，比特币区块链采用依赖节点算力的工作量证明（PoW）机制来保证比特币网络分布式记账的一致性。随着区块链技术的发展，股权证明（PoS）机制和授权股权证明（DPoS）机制等共识机制相继出现。不同的应用场景会选用不同的共识机制，来平衡系统的效率、安全性和数据一致性。

工作量证明是中本聪在其比特币奠基性论文中设计出来的，其核心思想是在分布式节点中引入算力竞争来保证数据的一致性和共识的

安全性。比特币系统中，矿工基于各自的计算机算力相互竞争，共同解决一个依赖计算量求解但验证容易的哈希难题（即挖矿），最快解决该难题的节点将获得区块记账权和系统自动生成的比特币奖励。工作量证明机制是具有重要意义的创新，应用于比特币系统的货币发行、交易支付和验证等环节，通过算力的竞争保障了分布式系统的安全性。但是工作量证明也存在着显著的缺陷，强大算力造成电力等资源的浪费，这点历来为研究者所诟病，而且长达10分钟的交易确认时间使其不适合高频小额交易的商业应用。

权益证明机制主要为解决工作量证明机制的算力资源浪费而提出的替代方案。采用权益证明来代替工作量证明中基于算力的工作量证明，由系统中具有最高权益而非最高算力的节点获得区块记账权。权益体现为节点对特定数量货币的所有权，用币龄或币天数表征。币龄是特定数量的币与持有时间的乘积，每次交易都将会消耗掉特定数量的币龄。例如，某人在一笔交易中收到10个币并持有10天，则获得100币龄。权益证明机制的共识过程仅依靠内部币龄，而不需要消耗外部算力和资源，解决了工作量证明机制的算力浪费问题，并且能够在一定程度上缩短达成共识的时间，因而比特币之后的许多加密货币均采用权益证明共识机制。

授权股份证明机制的基本思路类似于"董事会决策"，即系统中每个股东节点可以将其持有的股份权益作为选票授予一个代表，获得票数最多且愿意成为代表的前101个节点将进入"董事会"，按照既定的时间表轮流对交易进行记录并创建新区块。每个区块被签署之前，须先验证前一个区块已经被代表节点所签署。"董事会"授权的代表节点可以从每笔交易的手续费中获得收入，但是要成为授权代表节点必须缴纳一定量的保证金，金额相当于产生一个区块收入的100倍。授权代表节点必须对其他股东节点负责，如果其错过签署区块，股东将会收回选票，将该节点"投出"董事会。因此，授权代表节点通常必须保证99%以上的在线时间，才能实现其盈利目标。授权股份证明机制中每个节点都能够自主决定授权节点且由这些节点轮流记账生成新区块，因而大幅度减少了参与验证和记账的节点数量，大幅提高共识验证速度。

除上述三种主流共识机制外，区块链的实际应用中也衍生出了PoW+PoS、行动证明(Proof of Activity)等多个变种机制。这些共识机制各有优劣势，比特币的工作量证明机制依靠其先发优势形成了成熟的挖矿产业链，支持者众多，而权益证明机制和授权股份证明机制等新兴机制则更为安全、环保和高效。

在运行过程中，如果由于网络延时等问题，导致时间和传输不同步，产生了"分叉问题"，即每轮竞赛之后，可能因为延时或其他问题出现多个优胜者，如果这些优胜者持续进行记录，生成新区块，区块链系统就会被分割成多个链，这就是"分叉"。

八、智能合约——区块链可编程应用的基础

基于区块链租房系统的故事

在老九村，阿明要租住阿花的一套房子，租金500，月付，租一年。房子的锁是密码锁，需要阿花提供开锁密钥才能打开。智能合约执行步骤：(1)阿花和阿明的租房合约提交给村里的智能合约服务器，服务器发布到区块链数据结构上生效。(2)阿花将开锁密钥和账户地址提供给智能合约服务器；阿明向服务器支

付 500×12 = 6000 老九币作为抵押。(3) 智能合约开始执行，服务器从阿明的抵押金中扣除 500，转到阿花的账户，并把房子的开锁密钥发给阿明，记录到区块链。(4) 以后每个月 1 号智能合约都会检查租约时间：如果没到期，就自动扣除租金，然后把新的开锁密钥发给阿明；如果租约到期，服务器就会生成一条合约记录，标志合约终止，并发布到区块链数据结构上，合约终止。

整个过程受到老九村村委会监督，村委会可以随时查看合约执行情况。这样，阿花和阿明什么事都不用做，就完成了租赁交易。房屋租金协议的智能合约是：当业主收到租金就会触发自动执行，将租房的安全密钥发送给租户。这个合约确保租金的定期支付，并且每个月重启；直到租期结束，支付行为自动终止。

智能合约(Smart contract)的概念由 Nick Szabo 于 1996 年首次提出，这是一套以数字形式定义的约定，以及合约参与方可以在上面执行这些约定的协议。智能合约是区块链的核心构成要素，是由事件驱动的、具有状态的、运行在区块链数据上的计算机程序。换句话说就是，一种以信息化方式传播、验证或执行合同的计算机协议。协议描述了多方协作中的交易规则和交易流程，这些规则和流程将会以代码的形式进行编程和部署在各参与方的区块链节点中。智能合约可以自动验证、自动执行，工作原理类似于计算机程序的 if-then 语句或程序，当一个预先编好的条件(定义好的规则和条款)被触发时，智能合约按照事先约定的规则和流程自动执行相应的合同条款，降低人为监督和执行成本。智能合约允许在没有第三方的情况下进行可信交易，这些交易可追踪且不可逆转。

智能合约具有区块链数据的一般特征，如分布式记录、存储和验证，不可篡改和伪造等。签署合约的各参与方就合约内容、违约条件、违约责任和外部核查数据源达成一致，以智能合约的形式部署在区块链上，即可不依赖任何中心机构、自动代表各签署方执行合约。

智能合约的运作机理如图1-17所示，通常情况下，智能合约经各方签署后，以程序代码的形式附着在区块链数据（例如一笔比特币交易）上，经点对点网络传播和节点验证后记入区块链的特定区块中。智能合约封装了预定义的若干状态及转换规则、触发合约执行的情景（如达到特定时间或发生特定事件等）、不同情景下的响应方式等。区块链可实时监控智能合约的状态，并通过核查外部数据源、确认满足特定触发条件后，激活并执行合约。

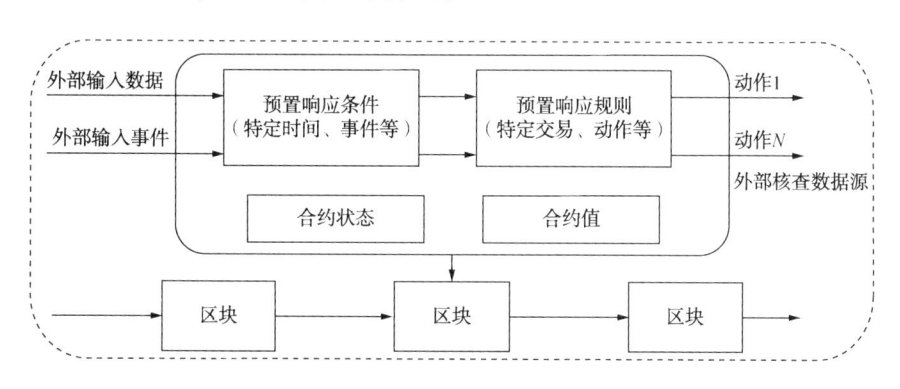

图1-17　智能合约的运行机制

智能合约具有自治、自足和去中心化等特征。自治表示合约一旦启动就会自动运行，而不需要签署方进行任何干预；自足意味着合约能够通过提供服务或发行资产来获取资金，并在需要时使用这些资金；去中心化意味着智能合约是由分布式存储和验证的程序代码而非中心化实体来保障执行的合约，能在很大程度上保证合约的公平和公正性。

智能合约作为一种嵌入式程序化合约，可以内置在区块链的任何数据、交易、有形或无形资产上,形成可由编程控制的系统、市场和资产。智能合约不仅为传统金融资产的发行、交易、创造和管理提供了创新性的解决方案,同时能够在资产管理、合同管理、监管执法等社会事务中发挥重要作用。

智能合约对于区块链技术来说具有重要的意义。一方面,给底层的区块链数据赋予了灵活可编程的机制,为构建区块链2.0和区块链3.0时代的可编程金融系统与社会系统奠定了基础;另一方面,自动化和可编程特性使智能合约可在节点中封装各种复杂行为,促进区块链技术在人工智能系统中的应用,使构建各类去中心化应用(Decentralized application,Dapp)、去中心化自治组织、去中心化自治公司成为可能。

智能合约最大的优势是利用程序算法替代人为仲裁和执行合同,只要条件达成,系统就自动扫描判定,自动触发支付的条款。智能合约也带来一些法律问题,作为计算机协议,难以处理不完全契约(Incomplete Contract)。由于人是有限理性的,不可能预见到未来所有可能的情况,有些情况即便预见到也没法写进契约里,因此契约注定是不完全的。这就是现实中法律合同存在例外情形,以及发生争端时需要司法仲裁的原因。智能合约很难处理不完全契约。

第三节 区块链的类型

站在参与者(使用对象)的角度,按照是否具有节点准入机制,可将区块链为许可链和非许可链。非许可链是完全开放的,亦称为公有链,节点可以随时自由加入和退出。在许可链中,节点的加入、退出需要获得区块链系统的认可与授权;根据拥有控制权限的主体集中度,许可链又可分为联盟链和私有链。因此，公有链是所有人都能够参与的，每个参与人都可以是贡献者，也可以是使用者；联盟链或私有链则是有限个群体或组织参与。每种类型的特点见表1-1。

表1-1 区块链的分类

种类	公有链	联盟链	私有链
定义	链上的所有人都可读取、发送交易且能获得有效确认的共识区块链。通过密码学技术和PoW、PoS等共识机制来维护整个链的安全	由若干个机构共同参与管理的区块链，每个机构都运行着一个或多个节点，其中的数据只允许系统内的机构进行读写和发送交易，并且共同来记录交易数据	写入权限仅在一个组织手里的区块链。读取权限或者对外开放，或者被任意程度地限制
参与者	任何人	预先设定或满足条件的成员	中心控制者决定参与成员
中心化程度	去中心化	多中心化	中心化
是否需要激励	需要	可选	不需要
特点	(1) 保护用户免受开发者的影响；(2) 所有数据默认公开；(3) 低交易速度	(1) 低成本运行和维护；(2) 高交易速度及良好的扩展性；(3) 可更好地保护隐私	(1) 交易速度非常快；(2) 给隐私更好的保障；(3) 交易成本大幅度降低
代表	比特币、以太坊、NEO、量子链	Ripple、R3	企业中心化系统上链

资料来源：鲸准研究院，《2018年中国区块链行业分析报告》。

一、公有链

公有链是完全开放的区块链，各个节点可以自由地加入和退出网络，不受任何人控制和监管，网络中不存在任何中心化的节点，不归任何人所有，被认为是真正的"完全去中心化"的区块链。每个互联网用户都可以通过在自己的计算机上安装公有链软件加入公有链网络，拥有对该网络的所有读写权限，并统一对外提供区块链服务。譬如比特币、以太坊是当下最流行的公有链，全球任何角落的任何人都可读取，可参与其中。由于公有链的开发、维护和节点的建设、运行，需要社会大众的参与和付出，因此必须设计相应的激励机制来鼓励参与节点对系统做出贡献，通过惩罚措施阻止节点作恶，激励和惩罚的方法通常是各种加密货币。因为公有链中节点数量多，所以性能较低，传统的公有链整个系统每秒只能处理20笔以内的交易，性能无法支撑传统的商业应用；近两年发展的区块链3.0技术，每秒能处理1000笔以上的交易，已接近传统中心化处理系统的能力。

公有链网络是一个开放的动态网络，组成网络的计算机被大众拥有，任何人都很难篡改其上的数据，所以大限度地保证网络中存储数据的可信任。因此，公有链网络提供了一个不依赖第三方主观意志的客观信任平台，是一个基于技术的独立的强信任源，这是公有链网络的最大特点。

二、联盟链

联盟链是由多个机构共同参与管理的区块链，通过授权和监管的手段，将区块链的读写权限、共识过程限制在限定的公司和组织内部。所有加入联盟链的人、机、物、机构都需要经过认证和授权，通过设置不同的权限、采用隐私保护算法等措施，确保系统中的账本只能让获得授权的节点选择可见，拥有权限的节点才可以读写账本，或者执行交易和查看交易历史等。由于节点的减少且多为可信节点，交易处理速度比公有链大大提升。2015年，全球首次出现联盟链，目前最具代表性的是超级账本联盟和R3区块链联盟。超级账本联盟由Linux基金会发起，初始成员包括IBM、英特尔、Cisco、华为、Oracle、三星、腾讯、百度等，目前拥有超过 250 家会员单位。R3 区块链联盟由 R3 CEV 公司发起，致力于搭建去除第三方的金融交易平台，已吸引富国银行、美国银行、德意志银行、汇丰银行、摩根史丹利、花旗银行等 50 多家银行巨头参与，目前超过 300 个成员。

三、私有链

私有链是一个完全私有的、不完全去中心化的区块链，它的写入权限由某个组织或机构控制，读取权限选择性开放。由于资格认证被严格控制，可用于组织内部对关键数据的管理与审计，以及对数据的安全真实有效验证。相比于公有链和联盟链，私有链的交易速度快、成本低、隐私程度高，但应用仍有待开发。

在西方，区块链技术发展的重点是公有链，目前应用和产业发展主要是基于公有链的各种金融创新。中国区块链技术发展的重点是自主可控的联盟链，应用和产业发展的重点是服务于产业经济、政府服务和社会治理，在金融、法律、医疗、能源、公益等诸多领域陆续有了落地应用。联盟链作为最普遍和最流行的形式，既可以满足中心化组织的部分去中心化要求，在一定程度上降低对中心化组织的依赖，又可以实现对中心组织进行监管。

第四节 区块链的技术特征与价值

一、区块链的特征

区块链具有去中心化、去信任、可追溯、不能篡改等技术特征。

在网络层面上，区块链采用的分布式架构具有去中心、透明开放、状态一致、强依赖密码学的优势；在数据层面上，能实现在多方共识的基础上保持数据一致，防止数据被篡改，并可对基于数据的应用全过程进行溯源；在应用层面上，能实现自动执行智能合约，并能在多个行业领域优化业务流程等。

（1）去中心化。区块链是点对点网络上构建的分布式数据库，网络节点之间的权利和义务都是均等的，系统各个节点通过一定的共识机制，选取出某时间段具有交易记录权限的区块节点，获得记账权限的节点将该时间段通过验证的所有交易进行记录，打包进入一个新区块，并传播到全网络，系统不再需要由中心化的服务器(或中央管理机构)完成对交易数据的验证、记录、存储、传输、维护等协调和管理工作。

（2）去信任、公开透明。区块链系统中的记录存储在多个节点的数据库中，各节点之间的数据交换遵循由算法形成的固定规则与程序，因此每个节点之间无须通过公开身份让彼此事前建立信任，只需基于地址和数学算法进行彼此识别和数据交换，基于算法建立了彼此之间的信任。系统中的数据对所有节点开放，任何节点都可以查询区块链上的数据。

（3）可追溯。区块数据按照链式进行保存，每个区块都包含一个时间戳和到前一个区块的链接，这种带有时间戳的链式区块结构存储数据，为数据增加了时间维度，使区块的所有历史数据都可以被定位、被回溯、被验证。

（4）不能篡改、安全可靠。在区块链系统中的数据与信息存储在网络多个节点，而不是单个计算机或节点，因此不会因为个别存储节点受到恶意攻击，而导致系统崩溃。采用非对称加密方式对传输的数据进行加密，同时借助共识算法完成数据添加或修改，如果任何人要修改某个历史区块中的交易内容，必须要将该区块之前所有区块的交易记录进行重构，需要攻击或篡改51%以上的链上节点数据库才能完成修改操作，难度和工作量巨大，由此保证区块链数据具有较高的安全性，基本上是不可篡改和不可伪造的。

二、区块链的价值

区块链技术解决了数字经济的基础设施问题。区块链的最大价值在于创造了信任，这种信任不是来自中心机构或第三方机构，而是系统本身产生的，来自系统中的程序或算法。基于区块链技术建立的系统具有去中心、去信任等核心优点，能解决互联网中的信息不对称、交易成本高、陌生人信任等难题，区块链技术被认为是继大型机、个人电脑、互联网之后的颠覆式创新。从人类信用进化史上看，区块链系统建立的算法信息是继血亲信用、贵金属信用、央行纸币信用之后的第四个里程碑，所有数字资产都可以采用区块链技术在互联网上进行流通、转移、交换和交易，实现从信息互联网向价值互联网、信用互联网的转变。这种信任机制的建立，可以有效提升整个社会的合作效率。

区块链改变了社会协作方式，推动群智时代的到来。目前，大规模多边协作的方式主要是以中心化机构为基础，中心化机构可以是一个共同的"上级"机构，或者是共同组建的一个第三方机构，对整个组织进行协调，成为各参与方的实际权力中心。中心化机构一定会伴随着较高的人为决策风险，受制于人的背景、性格、认识等因素，经常导致出现中心化机构无法驾驭大规模协作的情形。群体智慧则是采用简单规则将个体联系起来，每个个体看似微不足道，但汇聚起来的智慧和力量却无比强大，往往能够超越个体智力或体系结构上的限制，使整个系统运行呈现惊人的和谐。区块链以对等方式把参与方连接起来，并由参与方共同维护该系统，通过激励机制，使每个参与者在做出贡献的同时能够获得回报，调动了参与者的积极性，通过共识机制和智能合约来表达协作规则，明确参与方职责，系统自动完成履约过程。区块链汇集个体智慧，形成了超越个体限制的集体智慧，建立了更大范围、更低成本的新协同机制。

从经济学角度看，技术可以大致分为两类：一类是"善工"的技术，另一类是"善治"的技术。善工的技术是提高单点效率，人们看见就能理解，如蒸汽机、人工智能、大数据、物联网等。善治的技术是建立与协调人们之间的关系，提高整体协作效率，如整个市场经济体系和货币体系是善治技术的典型代表，很多时候整体协作效率的提升与个体的利益是有矛盾的，所以人们不太容易理解。区块链就是典型的善治技术，它提高效率的方式是反直觉的，或者说通过牺牲局部效率、付出看上去不必要的成本，但由此促进了社会整体协作效率的提升。区块链技术作为建立信任体系的基础设施将成为社会治理的有效技术手段，为广泛参与、透明可信、开放共享和辅助监管等提供了新方法，有助于提升整个社会的协同效率，构建更加公平、公正、公开的社会，可成为国家治理体系和治理能力现代化的利器。通过推动区块链和实体经济深度融合，可以推动全社会信用体系建设，有效解决中小企业贷款融资难、银行风控难、部门监管难以及知识产权保护难等问题。

区块链解决的是数字经济的基础设施问题，虽然区块链是一种技术，但是本质上体现的是生产关系。区块链以技术形式，重新构建了商业关系甚至是生产关系，为人类社会突破以往的商业模式、商业逻辑和生产组织关系提供了全新的模式、平台。在传统的中心化的网络上，每个个体、机构的数据名义上是自己的，实际上都是中心化的组织的，这也是移动互联网时代缔造了包括阿里、腾讯、谷歌、Facebook等无数大公司的原因。个体的利益和权力，都被这些中心化的大公司以无偿或极低的价格拿走了，成为这些中心化公司的资产，并且利用这些资产进行了一系列的增值活动。而数据的提供者则只能被动地享受一些或免费或收费的服务，并且无法从中分享发展的收益。采用区块链系统，通过数据上链的形式保护个体的权益，通过授权与被授权的形式个体可以参与到整体的发展中，甚至可以参与整体发展的决策过程，影响或推动整体的发展，并且从整体发展的收益中获取到自己原来被剥夺的应有的权益。

区块链技术，通过多种信息化技术的集成重构，触发新型商业模式及管理思维，对于实现分散增强型生产关系的高效协同和管理，提供了供给侧改革的创新思路和方法：共享账本、算法共识、智能合约和数据加密等技术，可以实现工业数据互信、互联、共享；"物理分布式、逻辑多中心、监管强中心"的多层次架构设计，为政府监管部门和工业企业之间提供了"柔性"合规监管的可能。未来一段时间内，随着区块链技术不断成熟，其应用将带来以下几个方面的价值：

一是推动新一代信息技术产业的发展。区块链技术应用的不断深入，为云计算、大数据、物联网、人工智能等技术的发展带来了新的机遇。区块链即服务BaaS平台的深入应用，将带动云计算和大数据的发展以及信息技术的升级换代，有助于推动信息产业的跨越式发展。

二是为经济社会转型升级提供技术支撑。区块链技术广泛应用于金融服务、供应链管理、文化娱乐、医疗、教育就业、共享经济等领域，优化各行业的业务流程、降低运营成本、提升协同效率，为经济社会转型升级提供系统化的支撑。

三是培育新的创新创业机会。区块链技术作为一种大规模协作的工具，可以降低交易成本，提升不同经济体内交易的广度和深度，为个人和中小企业创业创新提供更多机会。可以预见，随着区块链技术的广泛运用，新商业模式将大量涌现。

四是为社会管理和治理提供新的技术手段。区块链技术在公共管理、政务服务、社会公益、知识产权管理和保护、土地所有权管理等领域的应用不断深入，将有效提升公众参与度，降低社会运营成本，提高社会管理的质量和效率。

第五节　社会的接纳

区块链以其分布式、点对点、可追溯、防篡改、可编程等技术特性和机制，从数字货币中独立出来，逐步从边缘创新发展为主流技术体系。区块链技术的快速发展引起了政府部门、金融机构、科技企业和资本市场的广泛关注。

从全球范围来看，各国政府对于区块链技术的应用价值越来越认同，欢迎区块链技术，并且愿意积极推进区块链技术在政府管理、政务公开、民生保障、金融体系等方面的应用。但是在对于虚拟货币（数字资产的一部分）和数字货币延伸出的交易所、首次币发行（ICO）等方面各国政府的态度则差别很大，对虚拟货币的发行和交易，一些经济体欢迎，一些经济体完全禁止，一些经济体有条件的小范围许可。总的来看，大国普遍比较谨慎，政策相对严格，小国（包括日本、韩国）比较欢迎。在主要经济体中，都没有全面放开。

对于区块链的监管方式大致可以分为三类：第一类以美国、新加坡为代表，在有非常严格的监管政策的同时，对新的数字资产、区块链技术持一定的开放态度；第二类以中国为代表，允许发展技术，只允许央行发行数字货币，坚决禁止民间数字货币发行；第三类是一些经济体量比较小的国家，允许区块链技术完全自由发展。

由于区块链天然的去中心化和全球化的特征，资金、人才等正在迅速地向政策宽松的地区和国家流动。

一、政府的态度与政策

区块链技术的应用价值越来越受到各国政府的关注和认同。从目前情况来看，欧洲大部分国家，亚洲的日本、韩国、印度、新加坡等国，以及澳大利亚、巴西等国的政府趋向于支持区块链技术发展，美国、加拿大、俄罗斯等国则较为谨慎。

作为互联网技术的发源地，区块链也成为美国初创企业的热潮，纳斯达克于2015年12月率先推出基于区块链技术的证券交易平台Linq，成为金融证券市场去中心化趋势的里程碑。2018年2月，美国众议院连续两次召开区块链听证会，探讨区块链技术的新应用。美国国务院强调通过区块链技术提高透明度，可以解决腐败、欺诈或挪用公共采购资金的问题。美国财政部正在进行试点计划，以确定区块链技术是否可以用于供应链管理，修订完善了针对基于区块链加密货币的"反洗钱/打击恐怖主义融资"的相关法律，并与金融机构形成公私合作关系以共享信息。美国的监管机构对区块链的态度警惕而友好。美国已有数个州研究并提出了提升区块链技术应用的法案。佛蒙特州的南柏林顿市将试用区块链技术记录房产交易。加利福尼亚州立法者提交了关于该州的电子记录是否认可区块链签名和智能合约的法律议案。纽约州的电力公司 TransActiveGrid 提出了基于区块链的 P2P 分布式微电网络的新能源概念，通过区块链建立微电网网络，提高清洁能源利用率，在区块链上记录剩余的电量，并通过智能合约卖给邻居用户。由于各州之间政策不一，产业政策推动相对较慢。为了保护创新，美国消费金融保护局对区块链行业推出"沙盒监管"政策，一方面严格审查数字货币、个人微贷等敏感活动，另一方面也鼓励区块链领域的金融技术创新。

美国银行、花旗银行等全球40余家大型银行机构签署区块链合作项目，致力于制定银行的区块链行业标准与协议。2019年，Facebook公布数字货币Libra白皮书，一经宣布，便引来了全美乃至全球范围内的质疑，Libra项目负责人马库斯和Facebook首席执行官扎克伯格分别被美国国会传召听证。Facebook最终表态，将遵守所有美国法规，在美国立法者的担忧得到解决之前不会发币。

加拿大证券管理委员会推出了"Fintech沙箱"计划，以促进加拿大区块链行业的发展。加拿大拥有一个庞大的区块链创业社区，汇集了包括以太坊创始人Vitalik Buterin在内的一大批区块链顶级人才。

欧盟较为积极，2016年2月，欧盟委员会将加密数字货币放在快速发展目标领域的首位，同年4月，央行计划对区块链和分类账簿技术与支付、证券托管以及抵押等银行业务的相关性进行评估。欧盟在2018年2月成立欧洲区块链观察论坛，主要职责包括政策确定、产学研联动、跨国境区块链服务构建、标准开源制定等，投入500万欧元作为区块链研发基金，在2018—2020年期间对区块链方面的投资将达到3.4亿欧元。英国政府处于区块链创新竞赛的领先地位，诸多创新举措成为其他国家区块链领域的政策制定与研究的参考；英国金融行为监管局在2015年11月发布了《监管沙盒》指引文件，为区块链等金融科技企业在监管政策不确定的情况下提供了一个安全创新的环境，至今已完成三批测试招募；英国政府2016年1月发布了区块链专题研究报告《分布式账本技术：超越区块链》，创建了基于区块链的公共平台为全民和社会提供服务，并计划开发一个能够在政府和公共机构之间使用的应用系统，积极推行区块链在金融和政府事务中的应用。

澳大利亚政府开始投资区块链，2018—2019财年向数字创新机构投资70万美元，用于研究在政府支付方面使用区块链的益处；2019年3月宣布了国家区块链路线图战略，侧重于各种政策领域，包括监管、技术和能力建设，以及创新、投资、国际竞争力和合作。政府试图通过这些政策帮助本国成为新兴区块链行业的全球领导者。

日本政府大力支持区块链和数字货币行业发展，建立了日本区块链协会与区块链合作联盟，国家层面积极制定法律，规范大型金融、物流和商业部门，帮助实现区块链技术和数字货币的早日应用。新加坡对区块链的态度非常务实——鼓励发展、兼顾监管。2016年6月，新加坡金融管理局推出了"监管沙盒"制度，企业可以在事先报备的情况下"无后果试错"，这让新加坡迅速成为全球对首次货币发行（ICO）最友好的国家之一。2018年，发表了"对数字货币交易所和ICO发行商的警告"。同年，新加坡知识产权局推出了"金融科技绿色通道"，加快了对区块链支付等相关应用的专利审批流程。

俄罗斯正在大力推动区块链基础设施建设，俄罗斯最大的银行Sberbank与政府合作，用区块链转移和保存文件，成为区块链现实的应用案例。

二、中国的区块链热

中国政府通过多种形式关注和支持区块链技术和应用发展，积极推动国内区块链相关技术研究、标准化制定以及产业化发展。2016年10月，工信部发布了《中国区块链技术和应用发展白皮书（2016）》，总结了区块链发展现状和趋势，分析了核心关键技术及典型应用场景，提出了我国区块链技术发展路线图和标准化路线图。同年12月,国务院发布《"十三五"国家信息化规划》,提出要加强区块链等技术基础研发和前沿布局,将区块链技术列入国家级信息规划层面。2016—2018年,工信部陆续发布关于中国区块链技术和产业发展的白皮书。

据零壹智库统计,截至2019年底,国家层面共计出台40余部区块链相关指导政策,其中2019年国务院出台区块链相关指导政策6部,内容涉及食品安全、数字货币、贸易、政务管理、交通等方面。全国共有32个省/直辖市/自治区/特别行政区颁布了与区块链相关的政策文件,其中北京、广东和浙江三地已经成为我国区块链主阵地,除了出台政策数量多,出台时间也相对较早,基本上在2016—2017年就陆续出台;2019年以来,各地密集发布区块链政策。

目前,全国已有包括广州黄埔、杭州西溪谷、青岛市北区、苏州高铁新城、贵阳高新区、上海杨浦区、重庆及海南自贸区等地明确公布加快区块链产业培育及创新应用的扶持政策,"区块链+"成为众多地区重点扶植领域。

2015年底,区块链研究联盟、区块链应用研究中心成立。2016年2月,中关村区块链产业联盟成立;4月,中国分布式总账基础协议联盟(China Ledger)宣布成立。中国人民银行在2017年成立了数字货币研究所,研究数字货币发行和支撑的商业运作框架,并探讨利用区块链技术发行虚拟货币(DCEP)的可行性,以提高金融活动的效率、便利性和透明度;年初基于区块链的数字票据交易平台于2017年初进入试运行阶段并测试成功。民生银行、中国银行、中信银行、光大银行、平安银行共同参与设计开发了区块链福费廷交易平台(BCFT)。

目前,我国基本形成对区块链和加密数字货币的监管体系:虚拟货币、ICO 等活动主要由中国人民银行、互联网金融风险专项整治工作领导小组办公室和中国互联网金融协会负责监管；区块链技术标准由工信部牵头负责制定；区块链信息服务备案由网信办负责管理。

2019 年 10 月 24 日，中共中央政治局就区块链技术发展现状和趋势进行第十八次集体学习，强调要把区块链作为核心技术自主创新重要突破口，加快推进区块链技术和产业创新发展。由此在国内掀起了区块链热，陆续出台的政策措施将推动区块链进入产业落地周期，成为"区块链是什么"到"区块链怎么用"的转折期。

监管沙盒

监管沙盒(Regulatory Sandbox)的概念由英国政府于 2015 年 3 月率先提出。按照英国金融行为监管局(FCA)的定义，"监管沙盒"是一个"安全空间"，在这个安全空间内，金融科技企业可以测试其创新的金融产品、服务、商业模式和营销方式，而不用在相关活动碰到问题时立即受到监管规则的约束。也就是说，监管者在保护消费者/投资者权益、严防风险外溢的前提下，通过主动合理地放宽监管规定，减少金融科技创新的规则障碍，鼓励更多的创新方案积极主动地由想法变成现实，在此过程中，能够实现金融科技创新与有效管控风险的双赢局面。

近年来已有多家从事区块链产业的公司进入沙盒，由此监管者可以对区块链有更深的了解，知道如何更好地监管这些新技术。对于区块链公司来讲，当他们看到区块链技术在沙盒里运行的时候，他们自己也会了解在金融系统中使用区块链的风险。

第六节 区块链的标准

《中国区块链政策现状及趋势分析报告》指出,就区块链技术发展而言,目前在全世界范围内,区块链技术还没有统一的技术标准。就中国而言,以国家工信部及其相关附属机构为主导,已开始逐步探索并实践区块链技术的标准化与统一化。

一、国际标准

2016年9月,国际标准化组织(ISO)成立了"区块链和分布式记账技术"的技术委员会(ISO/TC 307),主要工作范围是制定区块链和分布式记账技术领域的国际标准,以及与其他国际性组织合作研究该领域的标准化问题。截至2018年12月,ISO/TC 307已成立了4个工作组(基础工作组,安全、隐私和身份工作组,智能合约工作组,治理工作组)、2个研究组(用例研究组,互操作研究组)以及1个联合工作组(区块链和分布式记账技术与IT安全技术联合工作组),如图1-18所示。

WG1:基础工作组	WG2:安全、隐私和身份工作组
WG3:智能合约工作组	WG5:治理工作组
JWG4:区块链和分布式记账技术与IT安全技术联合工作组	
SG2:用例研究组	SG7:互操作研究组

图1-18 ISO/TC 307 工作组/研究组

2017年下半年以来,ISO/TC 307加快推动基础、智能合约、安全、隐私保护、身份和互操作等方向重点标准项目的研制工作。2018

年12月，11项"区块链和分布式记账技术"国际标准项目已正式立项开始制定，主要内容包括：术语、参考架构等技术标准，分类和本体、治理导则、有法律约束力的智能合约等技术规范，以及隐私和个人可识别信息保护概述、安全风险和漏洞、用区块链和分布式记账技术的身份管理概览、数字资产托管的安全、发现与互操作相关问题等技术报告。

国际标准项目的开展，将有助于打通不同国家、行业和系统之间的认知和技术屏障，防范应用风险，为全球区块链技术和应用发展提供重要的标准化依据。

电气电子工程师学会标准协会(IEEE-SA)2017年启动了区块链领域的标准和项目探索，成立区块链工作组P2418［Standard for the Framework of Blockchain Use inInternet of Things（IoT）］，重点针对区块链在物联网(IoT)场景标准的研究，确立未来区块链在IoT场景下的接口对接标准。目前，《区块链在物联网中的应用框架》《区块链系统的标准数据格式》《分布式记账技术在农业中的应用框架》《分布式记账技术在自动驾驶载具中的应用框架》《区块链在能源领域的应用》《分布式记账技术在医疗与生命及社会科学中的应用框架》等6项标准已立项。此外，IEEE-SA还同步开展了区块链技术在数字身份、资产交易及互操作等方向的标准化研究。

万维网联盟(W3C)启动了3个区块链相关的社区组开展区块链标准化活动，分别为：(1)区块链社区组，主要研究和评价与区块链相关的新技术以及用例(例如，跨银行通信)，基于ISO 20022创建区块链的消息格式，并孵化FlexLedger项目，重点关注区块链间的数据交互性；(2)区块链数字资产社区组，主要讨论在区块链上创建数字资产的网络规范；(3)账本间支付社区组，目标是连接世界范围的多个支付网络。

国际电信联盟标准化组织(ITU-T)于2017年初启动了区块链领域的标准化工作。SG16、SG17和SG20三个研究组分别启动了分布式账本的总体需求、安全，以及在物联网中的应用研究。此外，成立了三个区块链相关的焦点组，分别针对区块链与分布式账本技术应用与服务研究，基于区块链建立可信任的物联网和智慧城市数据管理框架，基于数字货币的区块链应用展开标准化工作。

2018年2月，专门制定多媒体领域的国际标准化组织JPEG的第78届会议期间，JPEG委员会组织了关于区块链和分布式账本技术及其对JPEG标准影响的特别会议。考虑到区块链和分布式账本等技术对未来多媒体的潜在影响，启动特设小组研究通过标准化来实现依赖区块链和分布式账本技术的不同系统和成像服务之间的互操作性。

在2017年6月国际互联网技术标准制定组织IETF成立了去中心化网络基础设施提案研究组，计划研究区块链架构和相应的标准，2018年重点关注区块链互联互通标准的落地发展。

二、中国标准

自2016年中国开始布局区块链标准化工作，国内相关机构、标准化组织陆续开展区块链领域的重点标准研制，按照"急用先行、成熟先上"的原则，采用团体标准先行，带动国家标准、行业标准研制的总体思路，目前已在参考架构、数据、安全与隐私保护等方面取得了一系列进展，如图1-19所示。

在工信部指导下，中国区块链技术和产业发展论坛积极开展区块链领域的标准化工作，先后发布了《区块链 参考架构》和《区块链 数据格式规范》两项团体标准，其中《区块链 参考架构》团体标准经验

第一章 区块链技术概述

2017年5月
首个区块链标准《区块链 参考架构》发布

2017年11月
我国承担了国际标准化组织（ISO）关于区块链参考架构、分类和本体三项国际标准立项中的联合编辑职务

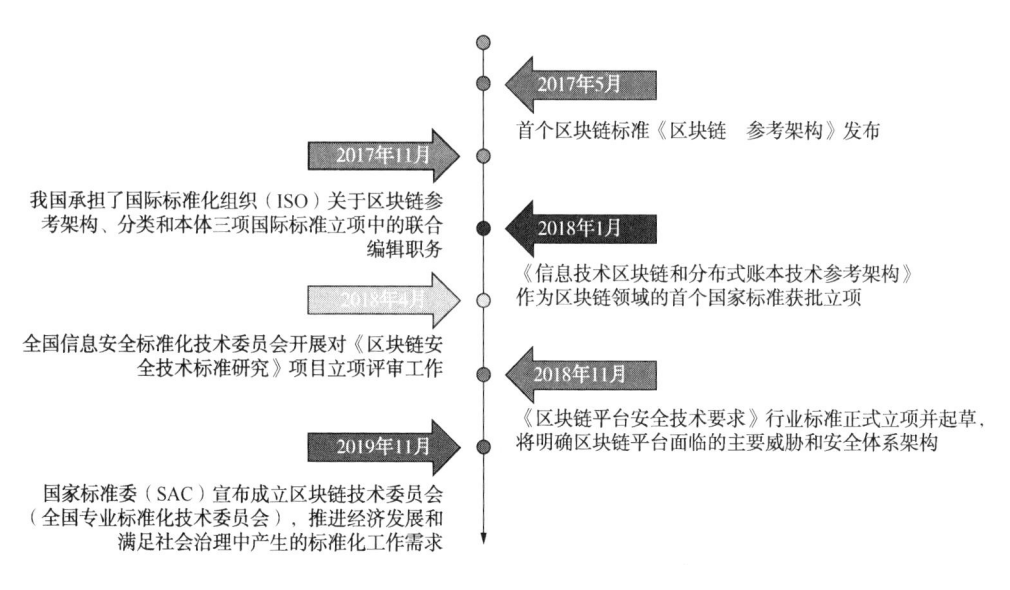

2018年1月
《信息技术区块链和分布式账本技术参考架构》作为区块链领域的首个国家标准获批立项

2018年4月
全国信息安全标准化技术委员会开展对《区块链安全技术标准研究》项目立项评审工作

2018年11月
《区块链平台安全技术要求》行业标准正式立项并起草，将明确区块链平台面临的主要威胁和安全体系架构

2019年11月
国家标准委（SAC）宣布成立区块链技术委员会（全国专业标准化技术委员会），推进经济发展和满足社会治理中产生的标准化工作需求

图1-19 中国区块链标准工作进展

证实施，已成熟并转化为国家标准。此外，中国区块链技术和产业发展论坛还启动了智能合约、隐私保护、存证、信息服务等方面团体标准的研制。

2017年发布了《中国区块链技术和应用发展白皮书》，提出了中国区块链标准体系框架，将区块链标准分为基础、业务和应用、过程和方法、可信和互操作、信息安全等5类，并明确了21个标准化重点方向。同年，该标准体系框架写入了《软件和信息技术服务业"十三五"技术标准体系建设方案》，用于指导国内区块链标准化工作。

中国通信标准化协会（CCSA）的两个委员会分别成立了子组和项目。2017年10月成立了物联网区块链子组，负责区块链技术在物联网及其涵盖的智慧城市、车联网、边缘计算、物联网大数据、物联网行业应用、物流和智能制造等领域的应用研究与标准化，中国联通技术专家担任组长，华为技术专家担任副组长。互联网与应用技术工作委员会（CCSA TC1）下的区块链与大数据工作组完成了两个区块链行业

标准:《区块链:第 1 部分　区块链总体技术要求》和《区块链:第 2 部分　评价指标和评测方法》。

　　总体上看,区块链领域的国家标准/行业标准还处于较早的发展阶段,仅有少量基础性的标准立项且处于研制阶段。

　　同时,中国也积极参与国际标准化工作。中国将《区块链　参考架构》等团体标准成果提交至国际标准化组织 ISO/TC 307,推动了参考架构等国际标准的立项。目前,中国专家担任参考架构国际标准的联合编辑、分类和本体技术规范的编辑,并牵头区块链数据流动和数据分类相关课题的研究工作。在国际电信联盟标准化组织(ITU-T)中,华为担任分布式账本焦点组(FG DLT)架构组主席和数据处理与管理焦点组(FG DPM)区块链组主席。在电气电子工程师学会标准协会(IEEE-SA)中,中国专家牵头制定了《区块链系统的标准数据格式》技术标准。

第二章

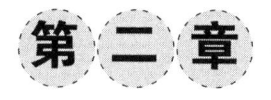

区块链技术示范与应用

第一节 应用领域与发展态势

一、应用领域与场景

自 2008 年基于区块链的数字货币系统诞生以来，随着区块链架构和技术的发展，区块链已在多个行业进行了应用探索和实践。

从区块链的技术特点来看，区块链赋能的应用场景主要集中在以下几个方面：

（1）交流效率低、信任成本高的领域。

（2）对信息可验证性、共识有极大需求的领域。

（3）对大体量数据分享和计算有较大需求的领域。

区块链能够解决信息不对称问题，实现多个主体之间的协作信任与一致行动，确保信息数据的安全、有效和无法篡改。金融业率先成为区块链应用的突破口，大量的实验性项目已经启动或运行，在多种场景下的应用探索也正在进行。区块链应用可以减少商业生态系统的交易摩擦、降低成本和结算时间、改善现金流，已在供应链、物联网、司法存证、社会管理、医疗、能源等领域进行了有益探索，并向经济社会诸多领域扩展延伸。鉴于区块链的颠覆性技术能力，世界各国都在对该技术进行密切跟踪和积极探索。目前，主要的区块链探索应用领域见表2-1和表2-2。

表2-1 区块链的应用领域与场景

应用领域	场景
金融服务	数字货币、跨境支付、支付结算、票据业务、贸易、资产管理与交易、供应链金融、身份及账户认证、证券服务、私募众筹、保险、金融监管、征信系统等
教育	档案管理、学生征信、学历证明、成绩证明、产学合作等
医疗	数字病历、隐私保护、健康管理、药品溯源等
供应链/物流	溯源与防伪、物品认证、物流跟踪与管理、供应链计量交接、收(寄)件人的隐私
社会公益	定向捐赠、有条件捐款(增加公益透明度和公信力)
社会管理/政务	网络安全与文件存储、身份认证、档案管理、税务票据、房屋租赁、投票选举、审计、工商管理
法律与存证	IP版权(专利、著作权、商标保护)、数字版权(软件、游戏、音频、视频等)、公证防伪(证书认证、学术认证、房地产产权认证、遗产继承、个人社会信用、艺术品证明)
能源领域	碳排放认证与交易、分布式发电资源交易
其他	医疗、共享经济、招投标、拍卖、社交、文体娱乐等

表2-2 区块链在部分产业应用领域涉及的范围及具体内容

涉及领域	涉及范围	具体内容
金融领域	供应链金融	解决中微小企业资金难问题
	贸易金融	解决银行之间信用证、保函、票据等信息同步问题
	征信	解决资本市场的信用评估机构、商业市场的评估机构、个人消费市场的评估机构信息共享问题
	交易清算	解决因清算业务环节多、清算链条长而导致对账成本高、耗时长等问题
	积分共享	解决银行企业的会员积分系统不能通用、积分利用率低、消费困难等问题
	保险行业	解决身份"唯一性困境"问题，为防范保险欺诈提供有力的技术保障
	证券行业	解决中央银行、中央登记机构、资产托管人、证券经纪人之间流程繁杂、信息不透明、效率低等问题

续表

涉及领域	涉及范围	具体内容
实体领域	商品溯源	解决商品的生产、加工、运输、流通、零售等信息不透明的问题
	版权保护与交易	解决数字版权确权、版权内容价值流通环节多、效率低等问题
	数字身份	解决计算机系统中人员信息与社会身份关联的问题
	财务管理	解决账目数量大、类别烦琐、企业间合作复杂带来的经营成本高、效率低、监管难等问题
	电子证据存证	解决司法机构、仲裁机构、审计机构取证成本高、仲裁成本冗余、多方协议效率低等问题
	物联网	解决去中心化设备采购、运维成本高、安全防护性差等问题
	公益	解决信任缺失的问题
	工业	解决多方协同生产、数字安全、资产数字化等制造业转型升级的问题
	能源	解决能源生产、能源交易、能源资产投融资和节能减排过程中数据孤岛、效率低等问题
	大数据交易	解决数据需求方的合法使用，同时保护用户隐私的问题
	数字营销	解决虚假流量和广告欺诈等现象导致广告主和广告代理商信任缺失的问题
	电子政务	解决跨级别、跨部门的数据互联互通信息安全问题，提升政务效率
	医疗	解决患者敏感信息的隐私保护和多方机构对数据的安全共享问题

资料来源：零壹智库。

伴随着应用需求的急速增长，出现了各类可应用于商业需求的开源区块链技术平台，进一步推动了区块链技术的应用。公有链技术平台的主要代表有比特币、以太坊等。联盟链技术平台的主要代表有 Hyperledge Fabric、R3 Corda、Ripple 等。

以比特币为代表的公有链，由于其使用对象的不明确性，限制了其应用的场景，因此出现了越来越多的联盟链，即各个行业内部不断出现为了解决自身行业问题的区块链。目前，应用较多的行业区块链平台有：超级账本，它主要是建立分布式账本的标准化；R3 区块链联盟，主要是银行类的金融机构构建的金融服务领域的行业标准，方便银行的清算、结算交易；Ripple 平台，是现有金融机构跨境交易支付结算的区块链平台，可以有效提升结算效率，降低跨境支付的成本。

区块链技术在油气行业的应用与前景

中国目前主要有三个重要联盟,即中关村区块链产业联盟、中国分布式总账基础协议联盟(China Ledger)和金融区块链合作联盟。部分代表性的联盟组织见表 2-3。

表 2-3 部分区块链合作组织

国家或地区	项目	项目介绍	参与方
全球	超级账本(Hyperledger)	共建开放平台,满足来自多个不同行业各种用户案例,并简化业务流程,通过创建分布式账本的公开标准,实现虚拟和数字形式的价值交换	埃森哲、澳新银行、第一信贷、德意志交易所、富士通、英特尔、摩根大通、伦敦证券交易所、富国银行等 192 家机构
全球	R3 区块链联盟	建立金融服务领域的区块链行业标准	其中包括富国银行、美国银行、纽约梅隆银行、花旗银行、德国商业银行、德意志银行、汇丰银行、三菱 UFJ 金融集团、摩根士丹利、澳大利亚国民银行、加拿大皇家银行、瑞典北欧斯安银行(SEB)、法国兴业银行等在内的 100 余家金融机构
全球	瑞波(Ripple)	一个开放的支付网络,主要用于货币兑换和汇款;网络内使用的 XRP 币是一种 Ripple 内的原生货币。Ripple 通过瑞波网关连接银行、支付系统、数字货币交易所和企业,为全球汇款提供一个低成本、快捷的支付体验	包括汇丰银行在内的众多国际银行
日本	区块链协作联盟(BCCC)	联盟的发行愿景是为"信息系统在每个行业的演变"推动区块链创新,同时为公众提供有关块链技术的研发和投资的教育	微软、三井住友、普华永道、Bitbank 等 187 家各行业公司、金融机构和技术服务公司
俄罗斯	俄罗斯区块链联盟	主要目标是发展区块链概念验证;进行合作研究和政策宣传;创建区块链技术的共同标准	包括支付公司 QIWI、B&N 银行、汉特—曼西斯克银行、盛宝银行、莫斯科商业世界银行以及埃森哲等

续表

国家或地区	项目	项目介绍	参与方
中国	中关村区块链产业联盟	专注网络空间基础设施创新	清华大学、北京邮电大学等高校，中国通信学会、中国联通研究院等运营商，以及集佳、布比网络等67家机构
中国	中国分布式总账基础协议联盟（China Ledger）	致力于开发研究分布式总账系统及其衍生技术，其基础代码将用于开源共享。4个目标：（1）聚焦区块链资产端应用，兼顾资金端探索；（2）构建满足共性需求的基础分布式账本；（3）精选落地场景，开发针对性解决方案；（4）基础代码开源，解决方案在成员间共享	中证机构间报价系统股份有限公司、浙江股权交易中心、深圳招银前海金融资产交易中心、乐视金融、万向区块链实验室等
中国	金融区块链合作联盟	旨在整合及协调金融区块链技术研究资源，形成金融区块链技术研究和应用研究的合力与协调机制，提高成员在区块链技术领域的研发能力，探索、研发、实现适用于金融机构的金融联盟区块链，以及在此基础之上的应用场景	华安财险、华为、前海股转、前海人寿、腾讯、山东城商行合作联盟等90余家机构

资料来源：中金公司《区块链：颠覆者还是乌托邦》，2018年。

二、区块链产业态势

随着技术成熟度提高和行业应用经济效益逐步体现，越来越多的企业投入区块链技术的开发和应用之中。这些企业主要分为三大类：一是依托原有信息技术优势的科技企业，大力开发区块链底层技术和应用平台，如IBM、埃森哲、腾讯、百度等；二是创业公司，凭借独有的区块链应用想法和逻辑获得投资，促使原型落地，开拓新的领域；三是金融机构，如各大银行、保险公司等，如图2-1所示。

从区块链产业发展上看，中国、美国和欧洲将成为区块链应用的主要区域。从公司数量上看，中国的区块链企业数量仅次于美国。根

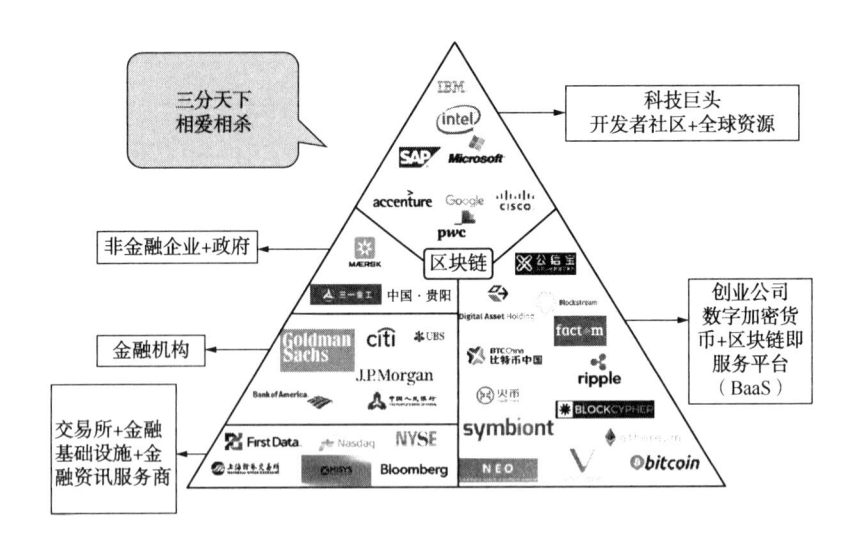

图 2-1 区块链生态体系

资料来源：IBM，CFLD 更新

据中国信息通信研究院调查，目前全球共有上千家公司活跃在区块链产业生态中，美国、中国和英国区块链企业数量分列前三位（图 2-2）。

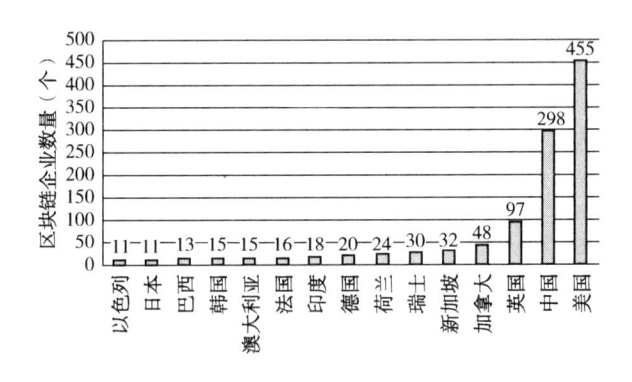

图 2-2 不同国家的区块链企业数量

资料来源：中国信息通信研究院整理，2018 年 6 月

在未来 5~10 年，区块链具有可观的潜在市场规模。据瑞银预测，区块链的全球经济价值将由 2017 年的 6 亿美元增加到 2027 年的 300 亿~400 亿美元，如图 2-3 所示。

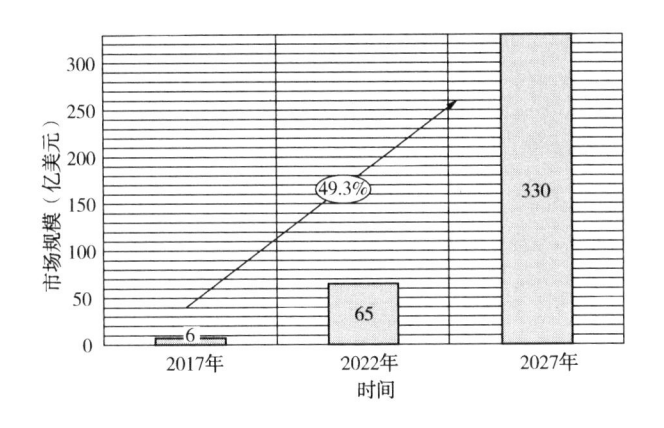

图 2-3　2017—2027 年区块链全球市场规模预测

1. 国际产业态势

世界主要国家对于数字货币有着不同的监管态度，但对于区块链技术的应用态度却趋于一致，基本上都在进行积极的探索。国际上，不管是发达国家还是发展中国家，都在开展区块链技术研究和应用落地工作。根据 IBM 区块链发展报告数据，全球 9 成的政府都在规划区块链投资，并陆续从 2018 年开始进入实质性阶段。

美国作为区块链技术的前沿阵地，将区块链上升到变革性技术之列，成立了国会区块链决策委员会，不断完善与区块链技术相关的公共政策。除了美国央行之外，美国国土安全部支持用于国土安全分析的区块链应用研究；美国国防部高级研究计划局（DAPPA）则支持区块链用于保护高度敏感数据方面的探索，以及区块链在军用卫星、核武器等数个场景中的应用研究潜力；美国电信巨头 AT&T 已开发出将区块链用于服务器的技术，并开展相关专利布局。

欧盟致力于把欧洲打造成全球发展和投资区块链技术的领先地区，建立欧盟区块链观测站及论坛机制，加快研究国际级区块链标准，并为区块链项目提供资金，预计到2020年欧盟为区块链项目提供的资金金额将高达3.4亿欧元。英国将区块链列入国家战略部署，资助研究包括区块链在内的新兴和可用技术领域的相关新产品或新服务。俄罗斯在国家层面加快区块链技术研究，实施政府级别的区块链项目。

韩国将区块链上升到国家级战略，全力构建区块链生态系统，推出"IHKorea 4.0 区块链"战略，计划在物流、能源等核心产业内开展试点项目。发展中国家肯尼亚和坦桑尼亚建立的区块链 M-Pesa 移动支付系统，彻底改变了传统银行业务的操作形式。

2. 中国产业态势

根据中国工信部信息中心发布的《2018中国区块链产业白皮书》，目前中国区块链产业处于高速发展早期阶段，产业链条已经初步形成，从上游的矿机、硬件钱包等硬件制造、云平台服务、安全服务，到下游的产业技术应用服务，再到保障产业发展的行业投融资、媒体、人才服务，各领域的公司已经基本完备、协同有序，共同推动区块链产业向前发展。

从区块链地域分布来看，超八成区块链创业公司集中在北京、上海、广东、浙江四地。从区块链产业细分领域分布来看，截至2018年3月底，应用服务类公司数量最多，其中主要为金融行业提供应用服务的公司86家，主要为实体产业提供应用服务的公司109家；从事区块链解决方案、底层平台、区块链媒体及社区领域的相关公司数量均在40家以上。

在产业技术应用场景方面，腾讯、百度、京东等互联网行业巨头纷纷加入了区块链技术研究与场景应用实践化的行列中(表2-4)。

第二章 区块链技术示范与应用

表 2-4 中国互联网行业巨头的区块链技术研究与应用

企业	涉及行业	说明
百度系	底层技术、司法、版权、政务、溯源、金融	2018年8月，百度旗下公司成立了区块链科技公司"度链"，从事区块链技术研发等服务。此外，还专门设立了区块链实验室，开发出百度自研的区块链底层技术——"超级链"
腾讯系	政务服务、金融、公益、游戏	腾讯2015年成立了区块链研发团队，目前已备案了两个区块链服务：腾讯区块链和腾讯云 TBaaS 区块链服务平台。腾讯区块链主要为多个行业提供解决方案，目前已落地的案例为区块链游戏（《一起来捉妖》）及税务（微企链）
阿里系	金融、政务、医疗公益、商品溯源、供应链金融、数据资产共享、数字内容版权	阿里巴巴旗下阿里云等为集团核心布局者，区块链专利全球领先。阿里云备案有阿里云区块链服务，目前已在商品溯源、供应链金融、数据资产共享、数字内容版权等场景落地应用
京东系	电商、金融、物流、追溯、医药追溯、数字存证	京东技术与应用创新并行，区块链布局与其电商、金融、物流三大核心业务相结合

百度打造的安全与性能兼顾的区块链开放平台"BaaS"是一个商业级区块链云计算平台，主要帮助企业联盟构建属于自己的区块链网络平台，同时也推出了区块链游戏产品，且旗下成立了区块链技术研发公司"度链"，从事区块链技术研发等服务。此外，还专门设立了区块链实验室，开发出百度的区块链底层技术——"超级链"，提供司法、版权、政务、溯源、金融等领域的解决方案。

腾讯区块链集中在政务服务、金融、公益、游戏领域，并搭建有自身底层平台。腾讯2015年成立了区块链研发团队，开发了腾讯区块链和腾讯云 TBaaS 区块链服务平台。腾讯区块链提供企业级区块链基础服务平台，为合作企业提供一站式构建区块链行业应用的整体解决方案，已落地供应链金融、医疗、数字资产、物流信息、法务存证、公益寻人等多个场景。腾讯云区块链服务 TBaaS 主要为用户提供公有云、金融云、专有云的服务，应用场景包括共享账本、公证记录、数字资产、防伪溯源等。

阿里在 2016 年开启了第一个区块链项目——"听障儿童重获新声"公益善款追踪项目。此外，阿里云区块链服务已在商品溯源、供应链金融、数据资产共享、数字内容版权等场景落地应用。

京东的区块链布局与其电商、金融、物流三大核心业务相结合。京东集团于 2016 年开始进行区块链技术的探索和研发实践。运用区块链技术搭建的"京东区块链防伪追溯平台"，从解决商品的信任痛点出发，精准追溯商品的存在性证明特质，让所有生产、物流、销售和售后信息分享进来，共同铸建完整且流畅的信息流。

随着区块链技术被列入国家战略，一批具有战略前瞻性的大型央企、国企也开始加大对区块链的研发投入，重视运用新兴技术提高生产效率，加快产业转型升级。目前，中国核工业集团有限公司、中国中化集团有限公司等大型央企正在展开区块链技术与应用的探索和研究，区块链的应用空间将被进一步打开。

近两年，区块链联盟不断涌现，许多企业、机构等组成了区块链联盟，共享区块链技术研究成果，寻求区块链技术更广泛的应用，全国各类区块链联盟数量超过 30 家。

据 iiMedia Research 发布的数据，自 2009 年至 2019 年 8 月，全球区块链产业累计投融资规模为 103.69 亿美元。在未来 5~10 年，区块链具有可观的潜在市场规模。据瑞银预测，2027 年前，区块链可以为全球增加经济价值年均 300 亿~400 亿美元（图 2-3）。Gartner 预测到 2030 年，区块链的商业价值将达到 330 亿美元。

第二节 金融领域

金融服务是区块链最早的应用领域之一，也是区块链应用数量最多、普及程度最高的领域之一。金融领域的区块链应用主要在于省去中介环节，实现点对点对接，在降低交易成本的同时，快速地完成交易，尤其是涉及多个金融机构间的复杂交易时，应用效果更加明显。在数字货币、跨境结算、供应链金融、股权登记和证券交易所等领域已经开始尝试，并产生了众多优秀的应用案例。

全球顶级区块链联盟 R3 致力于搭建借助区块链技术去除特定第三方的金融交易平台，如今已有成员超过 300 个；由欧洲五大保险及再保险公司合作发起的区块链项目 B3i，已将基于区块链分布式记账技术的巨灾超额损失(XOL)再保险安置系统投入应用。

全世界 90% 的央行都在积极探索区块链技术的应用。中国的主要银行，包括中国工商银行、中国银行、交通银行、邮储银行、招商银行、中信银行、微众银行、平安银行、民生银行、兴业银行等，纷纷开展区块链技术应用的探索，比如民生银行、中国银行、中信银行、光大银行、平安银行共同参与设计开发了区块链福费廷交易平台(BCFT)，在防金融欺诈、资产托管交易、金融审计、跨境支付、对账与清结算、供应链金融以及保险理赔等方面已取得实质性应用成果，在一定程度上推动解决了金融服务中存在的信用校验复杂、成本高、流程长、数据传输误差等难题。

2016 年至 2019 年底，中国先后约有 15 家银行申请了区块链技术相关专利，专利申请数量达到 433 件，较 4 年前的 11 件暴增了近 40 倍。区块链专利覆盖了数字资产、供应链金融、支付结算、征信与信贷、汇款、跨境支付、资金存管等业务。

一、数字货币

采用数字化技术的货币形式都可以称为数字货币。数字货币包括虚拟货币、可信任机构数字货币和法定数字货币。虚拟货币指非真实的货币，如比特币、以太币等，没有合格发行责任主体、没有实体资产支撑、没有足够的信用背书。可信任机构数字货币是由具有公信力的机构(包括金融机构)发行的数字货币。法定数字货币，或称中央银行数字货币，是具有法定地位、具有国家主权背书、具有发行责任主体的数字货币。

1. 虚拟货币

近10年，公有区块链社区相继推出比特币、以太币等虚拟货币，也称加密数字货币(coin)。

比特币是区块链技术应用最为成功的案例。截至2019年8月，总流通市值已经超过2100亿美元。按照市值统计，比特币超过了巴西、加拿大、澳大利亚、墨西哥和韩国等国家货币。

以太坊(Ethereum)是一个开源的有智能合约功能的公共区块链平台，通过其专用加密货币以太币(Ether，简称"ETH")提供去中心化的以太虚拟机来处理点对点合约。以太坊的概念在2013年由程序员Vitalik Buterin首次提出，含义是"下一代加密货币与去中心化应用平台"；2014年，通过ICO众筹得以快速发展；以太币已经成为仅次于比特币市值的加密货币。

2. 可信任机构数字货币

近几年来，可信任机构数字货币陆续进入金融市场。2017年7月，高盛获得美国专利商标局首个数字货币专利，高盛的数字货币SETLcoin首先瞄准证券交易清算市场，以避免传统清算方式的风险。2019年2月，摩根大通宣布推出JPM Coin，用作Interbank Information Net(IIN)的支付清算工具，IIN计划链接400家银行，意图替代SWIFT系统。2019年3月，IBM和Stellar的IBM BWW(Blockchain World Wire)主网上线，用于数字资产交易和结算，支持多种法定货币和数字货币实时汇兑。

2019年6月，Facebook发布了Libra白皮书，产生了轰动效应。根据白皮书，Libra的任务是"建立一套简单的、可以为数十亿人服务的全球货币和金融基础设施"，将与一篮子货币资产挂钩；Libra声称具有跨境交易结算的优势，主要体现在便利和减少成本上，可能成为全球范围内的"支付宝"。Facebook还计划专为Libra推出数字钱包Calibra。

Libra的目标是成为一个不受华尔街控制、不受中央银行控制、可以覆盖数十亿人的全球性货币和财务基础设施。Libra的愿景是成为一款全球通用的超主权数字货币，超越国家主权、僭越中央银行、跨越商业银行；超主权数字货币可能颠覆与重构全球货币体系以及传统金融模式。Libra白皮书发布伊始，就吸引了Visa、Mastercard、PayPal和Uber等巨头的加入。考虑到Facebook在全球拥有超过24亿社交网络用户的基础，因此，许多人认为Libra的发行将在世界范围内产生不可估量的影响。

但是Libra一经宣布，便引来了全美乃至全球范围内的质疑。考虑到Libra可能带来的不确定影响，世界主要国家政府和七国集团(G7)、二十国集团(G20)等主要国际组织都对Libra持谨慎态度，主要原因是：一是无法达到目前各国支付系统的性能要求；二是匿名性较强，无法满足各国对反洗钱的要求，容易被犯罪分子利用；三是计划采用与一篮子法定货币挂钩的抵押模式，可能对各国货币政策和金融系统稳定造成一定冲击。2019年7月和10

月，Libra 项目负责人马库斯和 Facebook 首席执行官扎克伯格就分别被美国国会传召听证，随后，PayPal、Visa、Mastercard 等巨头相继宣布放弃参与 Libra 项目。

尽管目前遭受诸多质疑和抵制，长远来看，Libra 影响不可小觑。马库斯表示愿意放弃原先基于一篮子货币的抵押模式，采用和美元、欧元、英镑等一系列法定货币单独挂钩方式，并承诺在满足美国政府所有监管要求前不在任何国家启动商用。虽然目前很难判断 Libra 商业运营的最终形式，但即使只在部分国家商用，其规模也会远超目前加密货币市场。

3. 央行数字货币

近年来，全球正在掀起关于央行数字货币的热潮，多个国家的中央银行开展了数字货币研发。央行数字货币（CBDC）一直是各国央行和国际清算银行等国际金融监管当局讨论的重要议题。央行数字货币具有降低现金管理成本、保证支付系统的稳定性、支持分布式账本技术发展等优势。

中国人民银行发行的法定数字货币（Digital Currency Electronic Payment，DCEP）是基于区块链技术推出的全新加密电子货币体系，与人民币可以 1∶1 自由兑换。央行自 2014 年开始着手数字货币研究，2016 年明确了发行数字货币的战略目标。2017 年 1 月，基于区块链的数字票据交易平台测试成功，DCEP 在该平台试运行，目前基本完成顶层设计、标准制定、功能开发、联调测试等工作，下一步将选择试点验证地区、场景和服务范围，进行一系列测试和风险评估等工作。但是距离在全国乃至全球范围内推广使用仍有一段距离。

新加坡金融管理局 2016 年开始主导启动了国家级项目 project

ubin，目标是发行央行的数字货币，并扩展到跟其他国家的央行合作。欧洲央行2019年12月发布，正在开发保护用户隐私的央行数字货币付款系统。韩国央行在2019年12月表示，将成立一个专项工作组，致力于央行数字货币的研究，以便更好地了解加密资产。巴哈马央行于2019年5月就开发法定数字系统达成正式协议，计划于2020年全面采用数字货币。

二、跨境结算

1. 业务场景

目前的跨境支付主要有银行电汇、汇款公司和第三方支付3种方式（表2-5）。因为跨境支付的付款方和收款方不在同一个国家，并且分别属于不同的支付体系，涉及不同的支付工具和金融机构，所以交易流程十分复杂。在跨境结算过程中，平时用户可见的流程仅为：前往金融机构填写申请表并支付费用，等待对方收到账目。但是中间有一串冗长的流程，如图2-4所示，即从汇款人开始汇款、汇款行账户行、各币种清算系统、收款行账户行、收款行和收款人，途中经历了5个环节。每个环节中还要经历3~5个小环节，大量的中介机构参与其中，在这个冗杂的交易流程中，信息传递的效率较低且成本较高。

图2-4 目前传统的跨境结算流程

表 2–5　跨境支付的 3 种方式比较

跨境支付方式	银行电汇	汇款公司	第三方支付
业务实现方式	银行网签申请汇款	汇款公司全球设置代理点，全球各地设立资金池	通过移动互联网的技术手段，在符合经营条件的情况下开展业务
客户操作方式	客户去银行网点办理业务，部分银行可以网上办理	汇款人无须开设账户，收款人凭身份证与汇款码取款	手机 APP 操作
手续费与到账时间	(1) 手续费为汇款金额的 0.05%~0.1%，设置封顶金额，具体由各银行而定； (2) 电报费 0~200 元不等； (3) 到账时间为 2~3 天	(1) 分档计费，通常为汇款金额的 0.1%~0.3%； (2) 到账时间为 10~15 分钟	(1) 手续费由"国内银行+国外银行"收取，价格由各银行而定； (2) 最佳情况下，可实现即时到账
缺点	手续费高，到账速度慢	只支持单笔 1 万美元以下的跨境支付	单笔跨境支付额度受限

2. 现存的业务痛点

目前，跨境支付主要采用传统的 SWIFT 网络完成，但是在每一个衔接的环节仍然需要大量的人工核查。传统的 SWIFT 业务系统本身成本高、耗时长。主流的代理模式为了保证交易的准确性，需要实现全流程逐个机构、逐笔交易的信息确认，导致效率低、差错率高。现行的跨境支付难以绕开代理行和中间行，国际支付标准不一，互操作风险极高，银行对系统的开放性非常保守，存在效率低、透明度低、监管难度大、成本高等痛点。以世界领先的特快汇款公司"西联汇款"为例，即使其拥有全球最大、最先进的电子汇兑金融网络，跨境支付最快到账的时间也要 2~3 天，如果使用普通的银行电汇，则需要 3~7 天的等待时间，而且每笔交易产生的费用为 30~40 美元。

根据麦肯锡报告，跨境支付交易量只占全球支付的 20%，但是其交易费占全球支付交易费的 40%，2015 年跨境支付的收入规模为 3000 亿美元。

3. 基于区块链的解决方案

在区块链技术的支持下，通过金融交易的标准协议，实现全球范围内银行、企业或个人之间点对点的金融交易，无须类似 SWIFT 的中心管理者，可直接实现跨国跨币种的支付交易。主要流程为：数字货币作为中介，先把汇款人所在地的法定货币转换为数字货币，然后在收款端把数字货币转换成收款人所在地的法定货币，完成跨境支付。通过网关实现法定货币进出，任何可以访问区块链网络的商家（银行、货币兑换商、其他金融机构等）都可以成为网关。对于原生的数字货币，持有用户在交易或换汇时无须信任任何金融机构。

以区块链为基础的跨境支付，需要所有参与环节全部加入支付链中，交易各方不再依赖某个中心化的系统，用户可以实时查看资金的流向，实现点对点转账，透明度高，省去了不同系统和技术的互操作，以共识的方式统一了国际标准的差异，转账更加流畅、支付更加便捷。在这个过程中，节省的不仅是人力、时间成本，用户体验也大幅度提升。

4. 基于区块链的应用案例

（1）Ripple。

Ripple 网络的服务对象是小额跨境支付用户。类似于 Amazon、Uber 和 Facebook 这样的企业，需要在数量众多的银行和非传统支付网络之间发送大量的小额跨境支付。银行目前无法以经济上可行的方式支持这一功能。

2018 年 5 月，桑坦德银行号称是全球第一家使用 Ripple 区块链技术进行跨境支付的英国银行，这次支付跟 ApplePay 相连，汇款人可以支付 10~10000 英镑，英镑会被转换为欧元和美元。7 月，Ripple 曾帮助加拿大艾伯塔的 ATB 银行和德国 Reise 银行完成了全球第一笔基于区块链技术的银行间跨境汇款：ATB 在 8 秒之内将 1000 美元支付给了 Reise 银行，在传统模式下需要 2~6 个工作日，支付完成后，Reise 银行收到了一封到账确认邮件。10 月，R3 区块链联盟中的 12 家银行使用了 Ripple 技术进行跨境支付测试。

（2）OKLink。

中国的初创公司 OKCoin 在 2019 年推出了基于区块链技术的小额跨境支付平台 OKLink，已覆盖包括日本、韩国和一些东南亚国家在内的 18 个国家。OKCoin 和 OKLink 的创始人称 OKLink 的主要客户是全球中小型金融参与者，包括银行、汇款公司、互联网金融平台等，每月交易额达到几百万美元。

（3）SnapCard。

SnapCard 成立于 2013 年，总部位于美国旧金山。公司初始业务模式是帮助用户使用银行账户购买比特币，后来进入企业跨境支付领域。目前，日均交易额在百万美元级别。

三、供应链金融

1. 业务场景

供应链金融是指将供应链上的核心企业以及与其相关的上下游企业看作一个整体，以核心企业为依托，以真实贸易为前提，对供应链上下游企业提供综合性金融产品和服务。供应链金融围绕核心企业，覆盖其上下游中小微企业，需要商业银行、保理公司等资金端的支持，物流、仓储等企业的参与，以及企业信息技术服务、金融科技服务的支撑。多参与主体间信用的高效传递是供应链金融的关键要点，对于实体经济发展中所面临的中小企业融资问题，关键突破点是要打通信用流转，才能更好地盘活资产。

2. 现存的业务痛点

现行供应链金融存在的问题，主要体现在三个方面：

(1) 信息不对称制约融资。通常情况下，由于有核心企业资质的承诺，其与一级供应商之间的应收账款可以作为后者从金融机构融资的依据。可是，在企业征信体系尚未健全的大环境下，对于供应链上为一级供应商提供服务的二三级供应商的应收账款等信息，金融机构无法获得或证实，这样供应链二三级或更下游的中小微企业无法利用核心企业的资质，得到金融机构的融资支持。

(2) 信用环境较差，业务安全性难以保证。由于供应链金融中存在多方委托监管、质押物货值变化、订单所有权转移等现实问题，融资企业虚构交易数据等负面现象屡见不鲜，在仓单质押等场景中，频发伪造虚假仓单骗贷一类的案件，导致各个环节的真实性与可靠性存疑。

(3) 融资成本较高。供应商以应收账款质押获得的短期资金融资成本较高，并占用银行风险计量资本，提升了杠杆率。2018 年，世界银行发布报告显示，中国 40% 的中小微企业存在信贷困难，融资缺口达 1.9 万亿美元。

3. 基于区块链的解决方案

在供应链金融领域，具有典型的多主体参与、信息不对称、信用机制不完善、信用标的非标准等特点，与区块链技术有天然的契合性 (图 2-5)。采用区块链技术可以解决传统供应链金融中的这些问题。供应链所有节点上链后，所有参与区块链的企业都能够实时获得物流数据情况，交易数据不可篡改，区块链的去信任化可以保证每笔在链数据的真实性；时间戳可以反映供应链的完整生命周期，保证了所有交易的可追溯性；智能合约可以保证交易完成时能够按照约定

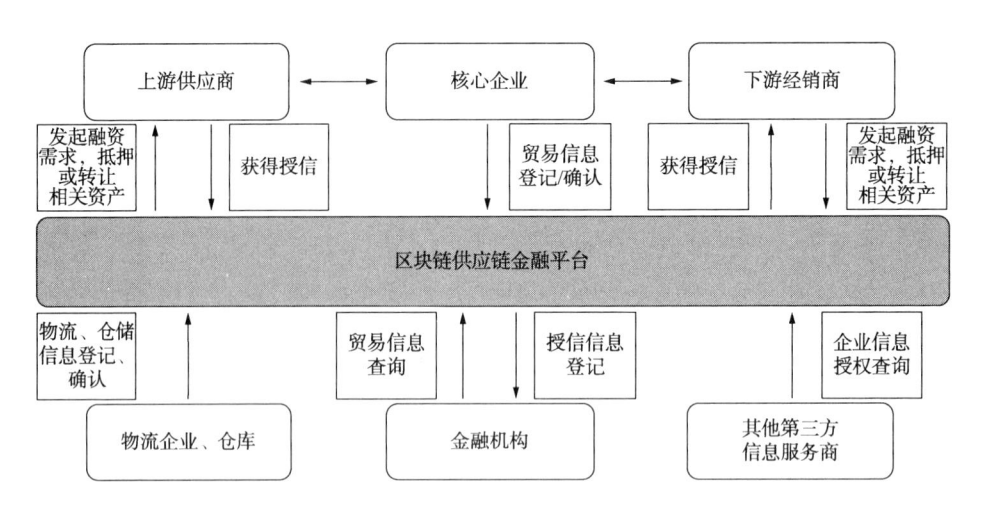

图 2-5　区块链+供应链金融业务模式

进行实时结算，不受企业本身的约束，还可以实现债权流转的资金自动清算。

基于区块链的供应链金融平台，能够降低供应链上所有企业的融资成本，提高资金流转的效率，间接降低整体的生产成本。建立多级供应商融资体系，实现链上供应商共享核心企业优质信用，依托核心企业以及一级供应商企业的信用，可以解决中小企业贷款难问题。此外，如果合同、票据等上链，把订单或应收账款变成区块链上的数字凭证，资产数字化，可以将不可拆分的账款、票据转化为可拆分、可流转、可融资的数字化付款承诺，不但极大地提高了票据的可用性、易用性，而且大大提高了银行贷款办理效率。

2017 年上半年以来，基于区块链的供应链金融平台大量涌现。首钢集团供应链金融平台应用区块链技术实现应收账款电子凭证拆转融，用链上电子凭证代替传统业务模式中的纸质商票，实现凭证可拆、可转、可融，降低产业链的整体融资成本。美的和海尔利用区块链布局供应链金融业务，对供应商而言，该平台将有效缩短账期、降低融资成本，并保护购销过程敏感信息不被泄漏；对金融机构来说，该金融平台将有效杜绝虚假贸易，提高运营和风控效率。TCL金融简单汇则借助区块链技术向供应链上下游企业提供融资服务，赋予平台应收账款相关信息的不可篡改以及可追溯特性。2020年2月，北京市政府出台的《关于应对新型冠状病毒感染的肺炎疫情影响 促进中小微企业持续健康发展的若干措施》中明确提出，要建设基于区块链的供应链债权债务平台，为参与政府采购和国企采购的中小微企业提供确权融资服务。

4. 基于区块链的应用案例

（1）联易融平台。

2020年1月，渣打银行首次投资中国供应链金融平台——联易融数字科技公司（以下简称"联易融"），借助区块链技术进一步升级供应链金融服务，为供应商提供便捷的融资，缓解中小微企业融资难问题。核心企业的付款信用在电子化基础上实现了在供应链内传递，并具有可追溯性和不可篡改性，银行可以随时随地看到产业链的相关信息及付款凭证材料，及时给予授信额，实现便捷高效的供应链融资。

（2）仓单通。

浙商银行于2018年推出了区块链技术和供应链金融结合的产品"仓单通"。通过"仓单通"平台，存货人可以把提货单、仓储货物转化为标准化的区块链电子仓单，既可将其向受让人转让交易，又可质押给银行获得在线融资。提货时，仓单持有人可凭非质押的区块链仓单向仓储监管方提取货物，将线上挂牌交易、线下实物交割同步进行，减少传统模式下的交易环节，提升业务的安全性、合规性和时效性。2018年9月末，浙商银行的首笔系统对接"仓单通"业务——"珠海港仓单通"平台已落地运行。

（3）腾讯供应链金融解决方案。

2018年4月，腾讯区块链推出了供应链金融解决方案，采取以源自核心企业的应收账款为底层资产，通过区块链实现债权凭证流转，保证不可篡改、不可重复融资，可被追溯。腾讯利用区块链技术把传统企业贸易过程中的赊销凭证数字化，转换为一种可拆分、可流转、可持有到期、可融资的区块链记账凭证。区块链上可记录它的流转过程，只要核心企业承诺付款，上游企业便可以把票据切分，流转给他的上级即二级供应商、三级供应商等。

（4）穗银云链。

众安科技与专业资产管理机构穗银集团联合打造了供应链系统服务平台——穗银云链，使用了中国工信部认可的区块链开源底层技术，将区块链与供应链金融深度结合，利用区块链不可篡改、多方共识账本的特性，将企业赊销行为产生的应收账款转化为可流转、可拆分、可融资的债权凭证——云信证，进而传递核心企业信用、降低信任成本、优化全链条融资效率，解决中小企业融资难、融资贵的问题，践行普惠金融。

四、金融监管

1. 现存的业务痛点

对于金融监管而言，无论是外部的监管机构还是公司内部审计，都面临如下问题：

（1）被监管企业的金融系统信息不对称，监管机构对企业的监管依赖于企业经营信息，信息不对称导致监管难以有效实施。

（2）一些被监管企业随意挪用资金、数据造假，造成监控缺乏可信支持和信任缺失。

（3）金融监管机构的监管往往局限在特定的领域，难以掌握整个市场信息，导致监管存在严重的滞后性。近年来，互联网金融产品不断涌现，针对不断变化的互联网金融领域，面临监管滞后和信息不对称难题。

2. 基于区块链的解决方案

区块链本身蕴含的实时动态在线、分布式总账本、全网记录广播和自信任机制等思想内核，可应用于金融监管、反洗钱、金融风险控制等方面，能够有效提高监管效率以及监管的透明化和安全性，避免"信息暗箱"。由于区块链的防欺诈、难以篡改和可回溯查看的优势，用区块链记账的金融机构数据和监管数据将更加安全透明。相比于传统金融监管要求金融机构上报一系列文件材料，需要进行烦琐复杂的会计和审计，尽职调查、出具法律意见书等程序，耗费大量的人力、时间和财力成本，以区块链构建的监管科技平台可以实时存储企业数据和监管政策，企业定期把公司报告、财务报表等上链，也可以在区块链上进行信息披露和发布公告。一旦信息上链不可修改，可以有效减少实践中出现的财务造假、获取内幕信息等问题，监管机构能够及时得到真实数据，随时进行查看和复核分析。

3. 基于区块链的应用案例

（1）工商银行脱贫攻坚基金区块链管理平台。

2016年10月，中国工商银行与负责贵州省扶贫工作的贵民集团签署战略合作协议，联合搭建脱贫攻坚基金区块链管理系统。该区块链管理系统建设的目标是：充分发挥区块链技术多方共识、信息共享、交易溯源的特性，实现扶贫项目和用款审批的透明运作；通过与银行系统的对接，将扶贫资金拨付信息与项目、用款审批信息进行钩稽，确保扶贫资金专款专用，避免挤占挪用。该系统中，贵民集团建设"基金管理链",用于管理扶贫项目和用款的审批;中国工商银行建设"基金确权链",用于确认用款申请和处理扶贫资金的划转。管理链和确权链实现链链互联,贵民集团和中国工商银行互为链接节点。2017年5月,扶贫管理平台顺利拨付第一笔157万元扶贫资金。

(2)冒烟指数。

以区块链和大数据、智能算法等技术为基础开发的冒烟指数在监测P2P网贷平台非法集资的活动中发挥了重要作用。冒烟指数是监管机构和监管科技企业合作开发的风险预警指数,通过区块链的多节点,打通各个网站和软件的应用程序接口(API)。通过链接在财经、社交舆论媒体、工商税务、P2P、法院、贴吧等网站网络地址,将收集到的信息和线上cookies在分布式数据库中存储,然后进行数据清洗、集成、变换、规约等过程,整理出结构化、关联化的数据,利用算法模型进行分析,得出冒烟分数。分数越高,意味着存在非法集资的风险越大。当冒烟分数高于80分时,意味着金融风险事件的发生。北京市金融局、北京市互联网金融协会,协同公安部门一起,运用冒烟指数对e租宝等P2P网贷平台进行实时动态监测,成功预测了e租宝的风险并提前部署预防,及时转移、缓释风险,控制事件的进一步扩散。冒烟指数也成功地运用在之后的现金贷、校园贷监测,并被多个省市引入,应用于地方金融风险的监测预警。

(3)Madrec监管合规平台。

2017年12月,瑞士银行巨头瑞银(UBS)在巴克莱银行、瑞士信贷、KBC、SIX和汤森路透的联合支援下,共同构建基于智能合约的监管合规平台(简称Madrec),旨在使银行更容易协调有关交易者的数据。该平台旨在把合法实体标识管理监督委员会(LEI)和其他机构认可的监管要求利用智能合约进行集成。LEI参考数据来源于行业分类以及欧洲证券和市场管理局(ESMA)的信息。每个公司独立检查信息,并定期协商结果,区块链智能合同将确保数据的准确性。为此,匿名引用的数据被上传到以太坊区块链,而源数据本身仍然在该机构内。智能合约处理数据,让用户快速识别异常并进行解决。由于每个符合条件的实体都将遵循同样的标准,该平台能够简化合规管理的流程并降低监管成本。

第三节 供应链领域

一、业务场景

供应链是指围绕核心企业,从配套零件、制成中间产品到产成品,最后由销售网络把产品送到消费者手中,将供应商、制造商、分销商和最终用户连成一个整体的功能网链结构。由此可见,供应链联系着产品供应、制造、分销、零售以及客户等多个复杂的主体(包括个人和企业),不同产品的供应链各不相同,复杂产品的供应链可能跨越数百个环节,一个周期将持续几个月甚至更长时间,涉及全球多个地理位置。在整个过程中,供应链的基本组成要素为物流、信息流及资金流。物流由上游的供应商往下游的零售商流动直至到达最终客户,资金流从下游往上游流动,信息流的流动是双向的。在供应链上,信息流、物流和资金流是三大命脉,信息流指挥物流,物流带动资金流。

二、现存的业务痛点

供应链由众多参与主体构成,不同的主体之间存在大量的交流和合作。在共同协作建立生产关系时,需要大量的成本去解决信任问题,即使有合约约定,也很难强制共享数据,所以在实际运行中,经常发生供应链信息流阻滞不畅、物流效率低下、资金流问题等情况。供应链管理存在的主要问题包括：

（1）信息不透明导致系统整体效率下降，成本提高。供应链的上下游主体处于一种复杂的博弈关系之中，信息不对称产生的交易信息壁垒可以让部分参与主体高额获利，但降低了系统的整体运行效率；同样由于信息不对称，采购方与供应商等交易各个环节，均需采取各种方式对产品进行甄别、挑选、验证，同时也需提供各种证明以便取得对方信任，增加了彼此信任成本和整个系统的交易成本。

（2）交易纠纷难以处理。供应链参与方种类多样，业务模式复杂，覆盖地区广阔，当供应链主体之间产生纠纷时，由于各种交易的复杂性，存在举证困难、责任主体难以明确等问题。

（3）非法行为追踪困难。当供应链的产品被发现出现问题时，追踪产品流程、精准地确定出现问题的环节是一项极为耗时费力的工作。

三、基于区块链的解决方案

区块链与供应链有较高的契合度，可以实现点对点网络的数据安全传输并保证其传输和交易的经济高效。首先，区块链的链式结构是一种能存储信息的时间序列数据，与供应链中产品流转的形式异曲同工；其次，供应链上信息更新相对低频，回避了目前区块链技术在处理性能方面的短板。对于企业而言，可实时查看商品状态，帮助企业优化生产运营和管理，提升效益。区块链在供应链中的应用优势主要包括：

（1）信息共享，提高系统效率。区块链技术可以帮助上下游企业建立一个安全的分布式账本，由各个参与者同时记录、共享，信息对各交易方均是公开的，链上的各企业可以及时了解物品流转的最新进展。

（2）多主体参与监控和审计，可防止交易不公和欺诈等问题。传统的交易中，认证中心需要较高的运营、维护成本，获取的数据受限，并存在数据被不法分子篡改、盗窃、破坏的可能，对企业进行数据共享有一定的阻碍。基于区块链的供应链多中心协同认证体系，由各方交易主体共同认证供应链交易行为，即通过把物料、物流、交易等信息记录上链，由各交易主体共同进行监控、审计与公证。

（3）链上数据真实和不可篡改，有助于解决产品溯源、交易纠纷等问题。

（4）降低系统运行成本。通过"智能合约"技术，把企业间的协议内容以代码的形式记录在账本上，一旦协议条件生效，代码自动执行。

四、基于区块链的应用案例

供应链管理是区块链较早落地的应用，通过区块链可以完成商品溯源、商品质量管理以及融资等应用。供应链核心企业、商业银行、电商平台等相关力量不断加强区块链在供应链管理领域的应用探索，致力于利用区块链技术解决供应链行业的难题。早在2016年，沃尔玛就把区块链技术应用于供应链管理，主要是进行相关产品的溯源。基于区块链的商品溯源和物流方案，可以让商品的生产方、渠道商、海外发货海关、国际运输方、进口海关和国内物流等多个参与方共同把商品流转信息记录到区块链上，而且同一个商品存在多个时间点的数据记录。

1. 实物金属溯源平台 Forcefield

伦敦金属期货交易所（LME）正在使用区块链技术开展实物金属的溯源和追踪计划。该计划名为 Forcefield，一个用于在整个供应链生命周期中管理和跟踪商品的数字平台，由摩科瑞牵头组织，麦格理和

ING等银行也参与其中。通过物联网传感器和近场通信芯片获取实物库存的信息，监视库存（通常是贷款的抵押品），有效提高实物处理流程的安全性并降低成本；同时将交易和融资的纸质单据实现数字化，帮助贸易商快速追溯到这些实物金属的来源，证明货物的所有权，提高商品所有权的安全性，降低实物库存的风险和成本。

在此系统中，贸易商能够随时了解货物所在地，在不需要向其他人展示货物状态（如货物在哪里）的前提下，就能证明其对货物的所有权。LME在全球34个地点拥有500个认定仓库，该平台计划2020年正式发布，初期功能主要集中在服务冶炼金属，未来会逐步拓展到干散货品。对于提供贸易融资的金融机构而言，他们最关心贸易是否真实存在以及核心企业的支付信用。数字化的交易后流程处理，使得所有事件有据可查，真实可信，而对于核心企业的支付信用，可以通过供应链信息上链获得保障。

2. 钻石溯源系统

鼎钻科技与众安科技联合开发了基于区块链的钻石溯源系统，整合钻石产业链的各个参与方，组建钻石溯源联盟，将区块链应用到钻石从开采、切割、鉴定、报关到交易的整个生产、流通过程（图2-6）。利用区块链记录钻石的整个生产及流通过程，实现全流程可追溯，解决钻石流通交易中信息不透明的问题；通过智能合约，实现钻石产业链上下游机构的钻石交易确权，降低交易成本和交易风险；基于区块链防篡改的特性，钻石交易监管机构对钻石交易更方便地实施监控，加强对钻石走私的打击力度。

钻石溯源系统的参与方，包括国外供货商、钻石交易所会员机构、国内批发商、国内零售商、报关公司、质检机构和物流公司等。在该系统中，钻石的每一次流通行为，都必须由相关的双方基于在线电子

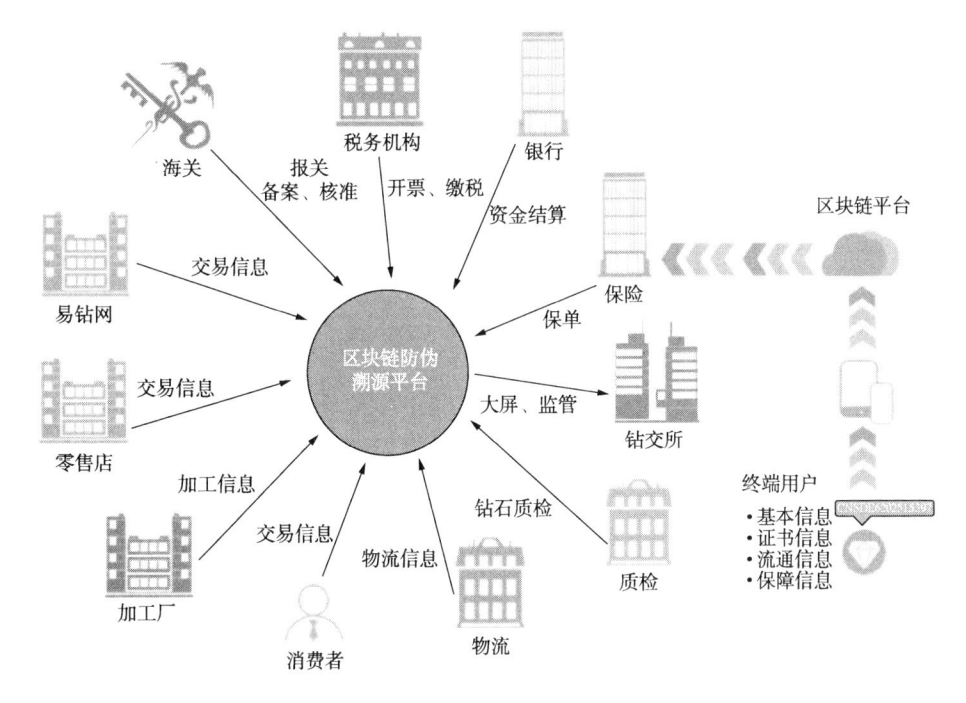

图 2-6 基于区块链的钻石溯源应用场景图

合同进行签约，确保钻石流通信息的真实可靠，并通过 Ukey 对签约信息进行上链，确保流通信息不被篡改。基于区块链的钻石溯源系统的治理需要满足联盟链相关治理要求，包括平台搭建、权限管理、节点管理、监管审计和监控等内容。区块信息中记录了钻石从开采、切割、进口、报关、批发到零售的完整信息，这些信息由各相关机构的核心系统通过前置数据库封装后上传区块链网络。

钻石溯源联盟采用成员准入机制。新用户加入需提出申请并经过所有联盟成员同意，在签署用户协议后方可加入，用户协议确定用户角色、相应的权利和义务以及可访问数据的范围，如果用户违反协议将被强制退出。

3. 食品溯源

IBM 在 2018 年推出了溯源平台 IBM Food Trust，运行在 IBM 云上。

食品追溯模块使得食品生态系统的成员在几秒内就能更安全地追踪产品，可以帮助减轻交叉污染，减少食源性疾病的传播和不必要的浪费。这一过程采用传统方式通常需要数周才能完成。认证模块可协助验证数字证书的来源，例如有机认证或公平交易认证。同时，它还使整个生态系统的参与者能够轻松地以数字化方式加载、管理和共享食品认证，将证书管理速度提高 30%。成员可以安全地上传、访问和管理区块链上的数据。

国内的京东、蚂蚁金服、众安科技等科技企业纷纷投入基于区块链的食品、药品的防伪溯源应用，区块链正在成为食品、药品安全的有效保障手段。维电公司与 LV、爱马仕、红酒厂商以及一些物流公司开展了产品溯源合作。目前一些公司已着手对全球 1000 多家农场产品进行溯源系统开发。

第四节　存证及版权领域

一、业务场景

美国出版商协会定义的数字版权保护（Digital Rights Management，DRM）是指"在数字内容交易过程中对知识产权进行保护的技术、工具和处理过程"。DRM 是采取信息安全技术手段的系统解决方案，在保证合法的、具有权限的用户对数字信息（如数字图像、音频、视频等）正常使用的同时，保护数字信息创作者和拥有者的版权，根据版权信息获得合法收益，并在版权受到侵害时能够鉴别数字信息的版权归属及版权信息的真伪。

目前数字版权保护方式主要通过传统版权登记保护和电子数据登记备案方式。电子备案有两种选择：第一，在行业协会等第三方平台进行电子数据登记备案；第二，选择技术背景强并可信的第三方支撑平台存证和认证，在数字版权归属权产生纠纷时，提供初步证据，结合官方人工登记，与防侵权相互补充。

二、现存的业务痛点

随着数字经济的高速发展，在司法实践中，证据的种类正逐步从物证时代进入电子证据时代。但是对电子证据使用面临着诸多认定难题，主要表现为：

（1）电子证据容易被篡改。

（2）取证时，电子证据和相关设备如果发生分离，则电子证据的效力会降低。

（3）出示证据时，需要将电子证据打印出来转化为书证，这种操作不但会破坏电子数据的内容，同时司法认定成本也较高。

（4）举证时，由于其具有易篡改性的特点，会出现双方电子数据内容不一致的情况，导致法院对电子证据的真实性、关联性、合法性认定变得更加困难。

三、基于区块链的解决方案

与普通电子存证相比，区块链存证具有诸多优势：

（1）多方存证，防篡改。区块链存证采取多方存证手段，为了保证存证信息的完整性、真实性，可以选择联合司法鉴定、审计、公证、仲裁等权威机构进行多方存证服务，这些机构可以在未来任意时间验证某一电子数据的原始性、真实性，电子合同在签约过程中的证据信息一经存储，任何一方无法篡改。

（2）证据效力强。区块链存证是第三方电子合同平台联合司法鉴定、审计、公证、仲裁等权威机构发起联盟链的存证方式，支持电子数据存取服务，利用区块链去中心化特点，实现证据固化和永续性保存。一旦产生纠纷，用户可从联盟链中的司法鉴定、审计、公证、仲裁机构随时取证，每个节点都有存证，数据安全、防篡改，增强了可信度，且仲裁机构可直接从其运维的节点中获取和验证数据，把存证数据视为直接证据，不再需要第三方机构出具证明。

四、基于区块链的应用案例

1. 司法应用

通过区块链技术可以对图文作品进行鉴权，证明文字、视频、音频等作品的存在，保证权属的真实性和唯一性。作品在区块链上被确权后，后续交易都将进行实时的分布式记录，实现数字版权的全生命周期管理，为侵权行为的司法取证提供技术保障。

区块链技术作为电子存证防篡改的一种手段，在图文作品侵权案例中已多次采用，并得到了许多法院的认可。吉林、山东、天津、河南、四川省等十多个省(直辖市)的高级法院、中基层法院已上线区块链电子证据平台。

2018年6月底，杭州互联网法院对一起侵害作品信息网络传播权纠纷案进行了公开宣判，首次确认了采用区块链技术存证的电子数据的法律效力，并在判决中较为全面地阐述了区块链存证的技术细节以及司法认定尺度。根据杭州互联网法院的观点，区块链作为一种去中心化的数据库，具有开放性、分布式、不可逆性等特点，其作为一种电子数据存储平台具有低成本、高效率、稳固性的优势，在实践审判中应以技术中立、技术说明、个案审查为原则，对这种电子证据存储方式的法律效力予以综合认定。

2019年8月，司法存证领域第一本白皮书——《区块链司法存证应用白皮书》发布。该白皮书由最高人民法院信息中心指导，中国信息通信研究院和上海市高级人民法院牵头，多省高级法院、互联网法院、中国司法大数据研究院等25家单位共同参与编写，介绍了区块链电子数据存证的特点和系统设计原则。该白皮书认为，区块链技术具有防止篡改、事中留痕、事后审计、安全防护等特点，有利于提升电子证据的可信度和真实性；区块链与电子数据存证的结合，可以降低电子数据存证成本，方便电子数据的证据认定；电子数据存证是区块链技术重要应用落地领域。

2. 学历资格证明

Learning Machine 公司与美国麻省理工学院(MIT)的媒体实验室合作创建了基于区块链的学历证明文件的开放平台 Blockcerts。通过在区块链上创建类似学术成绩单和资格证书这样的记录，利用 Blockcerts 审查文件是否可信并发现伪造的信息。学业成绩和毕业文凭都可以保存在 Blockcerts 区块链上，提供不可篡改的学术历史。已有超过600名2018年毕业的 MIT 学生选择在 Blockcerts 上存放数字毕业证。这些学生的学术记录将永远保存在区块链上，未来的雇主可以随时进行验证。

英国的 APP II 与开放大学(The Open University)合作创建了一个资质和认证平台，用于管理学生不可修改的学术记录。它利用区块链、智能合约以及机器学习技术来验证学生和教授的学术资格证书等背景信息。APP II 的用户可以创建个人档案并填写其学术简历，包括教育历史和学习成绩报告。

第五节 社会管理与政务服务

基于区块链建立起的信用机制和环境，越来越受到政府部门的重视，有望广泛应用于社会治理，降低整个社会的管理与运行成本。

一、税务票据

1. 现存的业务痛点

目前，税务票据领域主要存在以下两方面痛点：

（1）电子化发票信息系统孤岛。纸质发票逐步开始电子化，目前电子发票的存储分散在不同的供应商系统中，不同系统间以及与订单、支付、财务等系统间的集成尚不能实现，导致数据不能共享，电子发票的验证与追踪非常复杂。

（2）发票虚开和造假现象不易鉴别。目前对于发票的验证手段单一，并有一定的滞后性，使得企业蒙受信息不对称产生的损失，税务机构不易发现漏税行为。

2. 基于区块链的解决方案

保障系统中节点之间信息可靠性的技术特点，使区块链可应用于税务管理。税务管理的第一步是税务登记。建立基于区块链的纳税人税务登记系统，采用非对称加密技术，公钥保留在系统中用于纳税人身份验证，私钥保存在纳税人手中用于电子签名。电子发票是对纳税人纳税管理的重要手段，通过区块链完整记录电子发票在税务机关、企业开票等环节的流通信息，帮助税务机关实时监控发票使用者的身份信息及发票流向，避免电子发票重复报账、重复支付、虚开发票等问题造成的税务风险。纳税申报可以通过建立税务、银行和纳税人间的全网化扣款协议，实现实时扣款；使用智能合约还可以取消纳税申报，实现交易与纳税之间的无缝衔接。在退税管理中，通过智能合约可以实现证据即时提交，离境商店商品的流通信息和海关验核信息一经确认，税务机关即可自动启动退税程序，大大提升退税效率并降低骗税风险。

3. 基于区块链的应用案例

2018年5月，国家税务总局深圳市税务局和腾讯公司共同成立"智税"创新实验室，开展基于区块链的电子发票技术研究。同年，由腾讯提供底层技术支持的全国首张区块链电子发票在深圳国贸餐厅开出，深圳市成为全国首个区块链电子发票试点城市。区块链电子发票相继在深圳市招商银行、平安银行、沃尔玛门店、国大药房和微信支付商户平台开通。2019年，区块链电子发票上线深圳地铁、出租车、机场大巴等交通场景，并扩大到万科等物业行业。

二、房屋租赁

2017年，中国住房租赁市场交易总量约1.2万亿元，租房人口1.94亿，占全部人口的13.9%。预计到2030年，租金总量将达到4.6万亿元，接近3亿人通过租房实现"住有所居"。

1. 现存的业务痛点

租房市场主要面临以下痛点：

（1）房源虚假。传统的住房租赁市场中，市场参与者良莠不齐，虚假房源普遍存在。

（2）租赁信息不共享。房源信息在市场化交易平台之间无法有效地实现共享，房源在不同的平台之间不能同步，"一房多租"等欺诈行为时有发生。

（3）维权流程繁杂。由于租赁交易的参与者地位不对称，承租人缺乏信息获取渠道，权利无法得到有效保障。

2. 基于区块链的解决方案

区块链在租房领域的应用可以实现：让房屋产品变得可信，让租用双方变得可信,让整个租用流程变得可信和高效。建立基于区块链房屋信息系统,将房屋从土地规划到施工建造、销售直至物业交付等基础信息全部记录上链,用户可以查看房屋的真实情况,如内部构造、装饰材料、销售历史等信息。建立政府主导的区块链租赁平台,可以解决租房场景最核心的"真人、真房、真住"的问题。租户可以查看每一套房屋的照片和当前出租价格、出租历史、点评等信息,以及违约或造假记录;业主可选择自主发布房源信息,并可查看房客的租房记录和违约行为。

3. 基于区块链的应用案例

2018年4月,雄安建成区块链租房应用平台,这是我国首次把区块链技术运用到租房领域。在这一政府主导的区块链统一平台上,挂牌房源信息、房东房客的身份信息、房屋租赁合同信息等将得到多方验证,不得篡改。该平台是由教育局、财政局、房管局、社保局和房屋运营企业共同构建的联盟链,一些中介也作为房屋运营企业参与其中。除了房东的个人信用、之前的出租记录、房客评价等信息被上传到链上之外,租房人的个人信用、租房记录、房东评价等也记录在链上。同时,租赁存证、租赁合同、转账信息等一并上链,确保租赁过程和结果透明公开,实现公平租赁。

三、社会公益

慈善机构要获得持续支持,就必须具有公信力,信息透明是获得公信力的前提。公众关心捐助的钱款和物资发挥的作用,需要了解慈善机构的公益活动及费用支出。在过去几年里,由于公益信息不透明、不公开,公益慈善行业不时爆发出一些丑闻,使得民众对公益机构、公益行业产生了质疑。

1. 基于区块链的解决方案

更低成本、更高效率、更安全地解决信任问题，是区块链的优势。区块链可以尽可能地在物资捐赠及分发等全流程摆脱人为因素，以算法与技术重塑信任机制，增强慈善组织的社会公信力。公益组织、支付机构、审计机构等共同构建联盟链，将捐赠项目、募集明细、资金流向、受助人反馈等相关信息上链，在满足项目参与者隐私保护及其他相关法律法规要求的前提下，有条件地进行公开公示，接受公众和社会监督。这使公益慈善组织不再扮演捐赠资产的流转中介角色，让捐款人与受助人直接匹配对接，让捐赠人捐得放心，受助人拿得安心。对于一些复杂的公益场景，比如定向捐赠、分批捐赠、有条件捐赠等，使用智能合约进行管理，让公益行为完全遵从预先设定的条件执行，杜绝猫腻行为。

区块链在慈善捐赠场景下的优势体现在：对于捐赠方，捐赠行为更为方便和安全，不必担心善款被挪用，无须质疑接受捐赠机构的可靠性；可以在公开特定信息的同时实现匿名捐赠；可不经过银行和金融机构，实现点对点的捐赠。对慈善机构来说，扩大接受捐赠的渠道，吸引更多的捐赠人参与；减少接受善款过程中产生的费用、时间等筹款成本，提高捐赠的效率。

2. 基于区块链的应用案例

（1）支付宝爱心捐赠平台。

支付宝与公益基金会合作，在其爱心捐赠平台上线设立了第一个基于区块链的公益项目，为听障儿童募集资金。捐赠人可以看到每一项"爱心传递记录"的反馈信息，在必要的隐私保护基础上，展示自己的捐款从支付平台划拨到基金会账号，以及最终进入受助人指定账号的整个过程。该平台既可保障公益信息的真实性，又能帮助公益项目节省信息披露成本。

（2）Aidchain 慈善服务支持的交易平台。

Aidchain 由意大利拍卖平台 CharityStars 创建，基于以太坊区块链为慈善机构提供服务支持。通过将主要加密货币兑换成平台发行的 Aid 币，慈善机构可以在单个钱包内管理所有接收到的捐款，在方便存储和节约成本的同时，保证了善款的可靠使用。目前，该平台已为 Alice for Children 孤儿院、the Liberation Institute 等非营利机构提供筹款服务。

（3）百度区块链溯源服务平台。

百度区块链溯源服务平台专门针对公益项目多流程、持续时间长的特点，提供一些适配的功能。用户可根据实际情况定义整个公益项目的完整流程，并定义各流程的依赖关系，从而保证公益流程的合理性和完整性；提供完整的公益项目状态管理功能，简化公益机构管理公益项目的流程，降低管理运营成本；提供三大类查询功能，即基于项目的、基于用户维度的以及基于资金用途的查询。

第六节　能源领域

在环保标准日渐严苛的背景下，大批传统能源企业进入发展瓶颈期，他们期待利用区块链、大数据、人工智能等数字化技术，提高运营效率和安全性，实现环保等可持续目标。业内普遍认为，在此背景下，不管是公用事业公司，还是私营企业，都将加速布局区块链技术的投资和应用。据预测，到 2026 年区块链在能源公用事业领域应用速度的复合年均增长率将超过 35%。

能源区块链技术应用已有众多案例，主要应用于分布式能源交易、绿证资产数字化、供应链金融、碳市场交易、电动汽车充电及结算等场景，降低了交易成本，提高了效率。美国、德国、荷兰、澳大利亚、新西兰、南非都有区块链能源公司，基于以太坊智能合约开发电力交易平台，用智能仪表采集数据，P2P发电、用电、交易技术趋于成熟。以通证为基础的流通和激励机制帮助实现分布式能源P2P交易过程。2016年4月，在美国纽约布鲁克林微网项目中，屋顶光伏发电供应者与电力用户基于以太坊区块链智能合约，实现点对点直接交易，被认为是开启了区块链技术在能源领域应用的先河。西班牙可再生能源巨头伊维尔德罗拉(Iberdrola)正在利用区块链技术追踪可再生能源，目前已启动试点且取得初步成功。

我国的能源企业也在大力推进能源区块链。2019年10月，国家电网公布，国网区块链科技(北京)有限公司正式成立，将借助区块链最强大的行业泛在连接能力、最灵活的资源优化配置能力、最高效的价值共创共享能力，全面助力"三型两网"世界一流能源互联网企业建设；12月，基于自主研发的区块链底层技术服务平台，在新能源云、电力交易、优质服务、综合能源、物资采购、智慧财务、智慧法律、数据共享、安全生产、金融科技等十大场景形成了具备典型性、高可行性的区块链技术解决方案。

一、碳排放权认证

1. 业务场景

联合国政府间气候变化专门委员会1997年通过《京都议定书》，确立了二氧化碳排放权(简称碳排放权)的认证及其交易机制。碳排放权是一种可交易的、能兑现为货币的凭证，是对各行业二氧化碳排放的一种分配和计量方式。政府部门对产生排放的主体分配一定配额的碳排放权，排放超过配额的主体要被处以罚款。多产生的碳排放需要通过额外购买排放权的方式抵消，排放权有余额的主体可以将多余部分转移给排放超额的主体，从而获取利润。由于电力系统是碳排放的大户，碳交易十分活跃。

2. 现存的业务痛点

目前，碳排放市场中存在一系列商业模式的挑战和需求，主要包括：(1)政府部门需要对每一个发电商进行碳排放配额认证，但是发电公司数量繁多，使得绿色证书认证工作量巨大；(2)政府部门需要对所有发电公司上交的排放配额进行追溯，确保其真实性。碳排放权的频繁交易使追溯过程非常复杂。

3. 基于区块链的解决方案

区块链可以为碳排放权的认证和计量提供一个智能化的系统，如图 2-7 所示。采用区块链技术搭建碳排放权认证和交易平台，发电企业每台发电机组的碳排放数据被实时计量，记录在系统中，加盖时间戳，系统采用智能合约方式自动确认发电企业的碳排放权消耗量，对超标排放的企业进行罚款。碳交易时，记录每一次碳排放权的所有权转移，不可篡改。

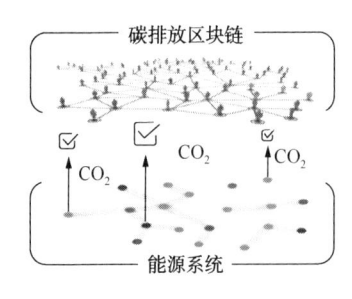

图 2-7 区块链技术在碳排放权认证方面的应用

二、虚拟发电资源交易

1. 业务场景

随着能源互联网的发展，众多分布式电源，如分布式风电、分布式光伏发电等，需要并入大电网运行。但是分布式电源容量小，并且输出具有间断性和随机性。通过虚拟电厂广泛聚合分布式能源、需求响应、分布式储能等进行集中管理、统一调度，进而实现不同虚拟发电资源的协同是实现分布式能源消纳的重要途径。在未来的能源互联网中，虚拟发电资源的选择与交易需要公开透明、公平可信、成本低廉。

2. 现存的业务痛点

在虚拟发电资源交易中，面临的主要挑战包括：(1)缺乏公平可信、成本低廉的交易平台。虚拟电厂之间、虚拟电厂与用户之间的交易成本居高不下。(2)缺乏公开透明。每家虚拟电厂的利益分配机制不公开，分布式电源无法在一个信息对称的环境下对虚拟电厂进行选择。

3. 基于区块链的解决方案

利用区块链技术构建分布式双向能源系统，可促进电力资源等能源从集中式管理转变为去中心化的多主体参与管理。在基于区块链的虚拟电厂信息和虚拟发电资源市场交易平台上（图2-8），虚拟电厂与虚拟发电资源可以进行双向选择。每个虚拟发电资源对整个能源系统的贡献公开透明，并能够被合理地计量和认证，激发用户、分布式能源等参与到虚拟发电资源的运营中去。当虚拟发电资源确定加入某虚拟电厂时，两者之间达成的协议以智能合约的形式记录进入系统。在交易过程中，通过智能合约，实时完成虚拟电厂之间、虚拟电厂和用户之间的购电交易。

4. 基于区块链的应用案例

2019年下半年，亚太地区有多个"区块链+能源"项目上线。8月，澳大利亚能源技术公司PowerLedger与日本关西电力公司完成了一项基

区块链技术在油气行业的应用与前景

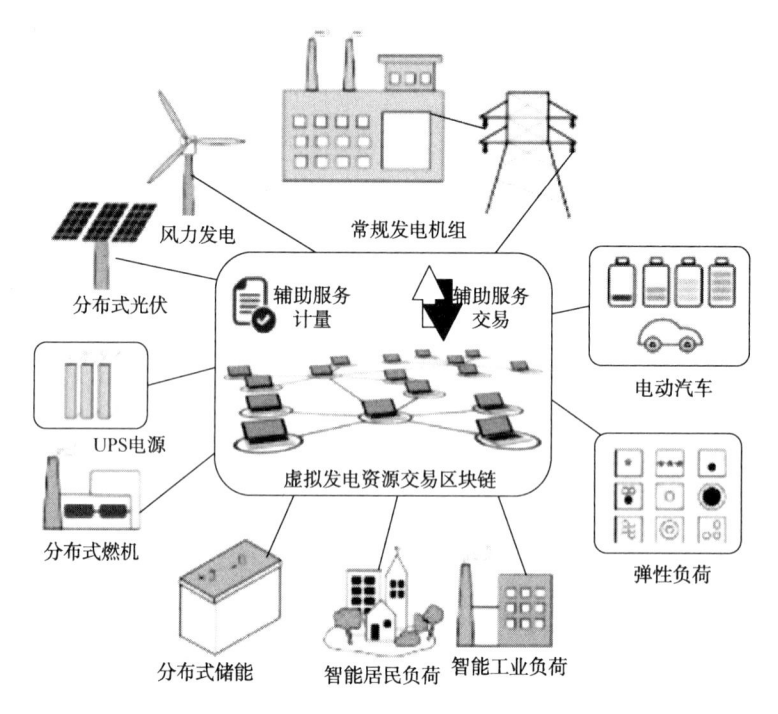

图 2-8　区块链技术用于虚拟发电资源交易

于区块链系统的联合试验，旨在帮助 KEPCO 推进剩余电力的 P2P 交易，提高日本分散式可再生发电的渗透率；9 月，PowerLedger 在澳大利亚本土也启动了一个基于区块链的能源贸易项目，旨在帮助偏远地区的商业住区和农场彼此交换多余的太阳能，同时提高电网效率并降低成本；11 月底，PowerLedger 与印度的北方邦公司合作启动了区块链支持的太阳能贸易试点。2019 年 9 月，泰国国家石油公司和能源网络基金会也携手推出了一个基于区块链的可再生能源平台。

德国电力供应商 Eon 与合作伙伴一同发起了"Enerchain 行动"，有 33 家公司加入并创立了欧洲分散式能源交易市场。Eon 和意大利电力公司 Enel 的电力交易通过区块链系统在几秒钟内直接办理完成，而无须中间代理商，从而降低电力的采购成本。

第七节　其他领域

一、医疗领域

1. 现存的业务痛点

医疗行业当前面临以下痛点：

（1）医疗健康信息存储分散。目前，不同医疗机构各自建立的病历数据库之间缺乏共享，导致同一患者到不同医疗机构就诊时，需要重复进行大量检查，既浪费医疗资源，又耽误治疗时间。

（2）缺乏信任关系，造成医患矛盾。目前，患者治疗信息均由医疗机构存储，患者所知甚少，如果医疗机构修改病历资料，患者也无从知晓。医疗服务中这种信息不对称性，很容易造成信任危机，一旦出现医院方与患者方意见不一致，就会引发纠纷。

（3）患者隐私数据被侵犯。目前，患者的医疗数据都由医疗机构实质性掌控。部分医疗机构为了经济利益，将患者数据泄露，隐私面临挑战。

2. 基于区块链的应用案例

建立基于区块链的医疗保健信息分布式、去中心化自治系统，将数据所有者、数据提供方、数据使用者以及系统维护者等参与方联合起来，明确各方权责利，确保患者掌握个人医疗数据，且在隐私信息得到保护的前提下，共享医疗数据，重建医患之间的信任，提升医疗服务质量。

（1）沃尔玛区块链病例系统。

2016年底，沃尔玛申请了"借助可穿戴设备获取存储在区块链上的患者病历信息"专利，并对"区块链+医疗"进行了成功尝试。该系统的关键设备包括：可穿戴设备手镯，作为本地存储介质；射频识别扫描仪，通过扫描病人的手镯进行病历的传输；生物识别扫描仪，用于获取病人的生物特征信号（面部、视网膜、虹膜或指纹等）。通过这三个装置，患者可以用私钥上传自己的医疗数据信息，与医院共享，实现患者对个人信息的控制。

（2）朗玛信息慢病管理系统。

贵阳朗玛信息技术股份有限公司采用区块链技术建立了"慢病管理系统"，在统一网络中进行数据共享和管理。监管机构、医疗机构、第三方服务公司以及患者本人均能够在一个受保护的网络中共享敏感信息。该系统帮助用户创建数字身份及相应的公私密钥，协助用户对个人数据进行授权管理，确保用户数据的合法写入；不同机构用户可将打包加密数据存储至各自的节点中。所有参与机构在明确有调阅非本机构产生的用户数据需求时，必须经用户授权许可并通过密钥比对，才可获取用户相关医疗信息，确保用户的隐私安全，避免传统医疗数据共享所带来的法律及伦理挑战。该项目提供了全新的分级诊疗就医体验，在保证用户隐私基础上，实现了慢病管理的全程共享、全程协同、全程干预。

（3）百度医疗区块链解决方案。

百度超级链推出了区块链医疗解决方案，将患者信息、检查检验报告、诊断记录、电子处方等信息上链存证，形成诊疗、处方、医保、药品全流程安全体系，实现了对诊疗过程事前提醒、事中监控、事后追溯的全方位监管。解决方案从"电子处方"切入，基于电子处方流转平台，医生诊断记录、处方、用药初审、取药信息、送药信息、支付信息都将"盖戳"后记录在百度证据链上。该联盟链联合了北京互联网法院、广州互联网法院、北京国信公证处、仲裁委和版权局等司法机构，多节点备份，做到不可篡改、全程追溯，具备公信力。

(4) 澳大利亚的医疗记录管理平台。

澳大利亚区块链创业公司 E-Nome Pty 开发出了一个基于区块链的医疗记录管理平台，可以让个人在智能手机上查看自己的健康记录，具有严密的安全性和隐私性。通过 E-Nome 区块链平台，医疗记录被匿名存储在卫生服务提供者的电子医疗记录(EMR)系统中，没有任何风险。澳大利亚医学研究所 Garvan 将评估 E-Nome 区块链平台在基因组信息安全存储方面的潜力。

二、共享经济领域

共享经济是为以获得一定报酬为主要目的、基于陌生人且存在物品使用权暂时转移的一种新的经济模式。它的理念就是共同拥有而不占有，将个人闲置的资源共享给他人，提高资源利用率，并从中获得回报。共享经济需要基于一个 P2P 的网络，共享资源需要在网络上流通，资源提供者需要获得收益，共享资源的质量需要有保证和可信度，避免资源输出者的欺骗行为。可见，共享经济和区块链有着本质上共通的属性。

Smartshare 致力于为共享经济提供基础协议，通过区块链技术为共享经济构建了底层架构，让去中介化价值交互成为可能，最终形成一个分布式的价值交换网络。目前，全球的物联网有数十亿台设备，其中很多设备没有被充分利用，Smartshare 试图通过区块链记录所有物联网数据，推动物联网设备共享。Smartshare 已与必虎共享 WiFi 开展合作，把闲置的带宽共享出去，提供带宽共享资源的用户可以获得随时提现的平台运营收益分成，同时每个智能路由器成为区块链网络节点，按照贡献值通过智能合约给用户提供代币作为奖励，并把贡献值登记在区块链上。

第三章

区块链技术油气领域实践

第一节 国外的应用案例

区块链在油气贸易、金融、生产管理等领域具有广泛的应用场景。目前，在油气贸易领域探索应用最为活跃，如跨境支付、记录管理、供应链管理和智能合约等，使用该技术能够让交易变得更透明、安全、便捷、可追踪，简化贸易流程，提高交易速度，降低风险，实现市场增信。BP、壳牌、埃尼、挪威国家石油等国外石油公司探索了区块链技术在油气交易、油气生产核算等方面的应用，委内瑞拉政府发行了石油币，油气行业中也建立了区块链的行业联盟。

一、油气贸易/交易

石油贸易或交易主要通过生产商、供应商、承包商、分包商、炼油商和零售商等进行，以前试图追踪原油的实时转移基本无法实现，引入区块链技术后不仅能够让交易变得更透明，即允许所有人追踪交易，还能降低成本、稳定价格。石油贸易是区块链在油气行业较为成熟的应用场景，多个石油公司都已经开始尝试并建立了相关的能源交易平台。

1. 大宗商品交易平台 VAKT

VAKT 是一个以区块链技术为基础的交易后处理平台，致力于将大宗商品贸易业务中烦琐的文书工作转变为智能合约，从而削减围绕石油交易的大量冗余工作，减少交易时间，提高交易效率，降低融资成本。

2017 年 11 月，BP 和壳牌引领的财团宣布，将创建一个安全、实时的基于区块链技术的能源贸易数字平台，旨在实现签署合同后贸易流程的全自动化，以摆脱传统和烦琐的纸张合同与文件，进而推进电子文件、智能合同和认证转让的发展，以期降低能源交易的管理运营风险与成本，并提升后台交易运营的效率和可靠性，将贸易企业从效率低下的贸易后环节中解放出来。该财团包括 3 家石油公司、3 家贸易公司和 3 家银行，见表 3-1。

表 3-1　VAKT 联盟成员

石油公司	英国石油公司(BP)，荷兰皇家壳牌石油公司(Shell)，挪威国家石油公司(Equinor)
贸易公司	贡沃尔(Gunvor)，科氏供应链与贸易(Koch Supply & Trading)，摩科瑞(Mercuria)
银行	荷兰银行(ABN Amro)，荷兰 ING 银行，法国兴业银行(Societe Generale)

2018 年 11 月，该财团推出了 VAKT 平台，平台的客户涵盖贸易商、经纪商、船运商、银行、仓储及管道运输商、监管方 6 类（图 3-1）。从本质上讲，实物交易是指在特定地点和特定时间交付具有明确质量定义的商品的承诺。通常，港口、仓库或管道运营商，是事实上的货物清算所；服务提供商，如港口代理和质检公司，帮助检查货物的物理特性。而 VAKT 就是将这些参与者连接起来并将其放在平台上，实现信息互通，进而节约成本；利用区块链技术，提供贸易

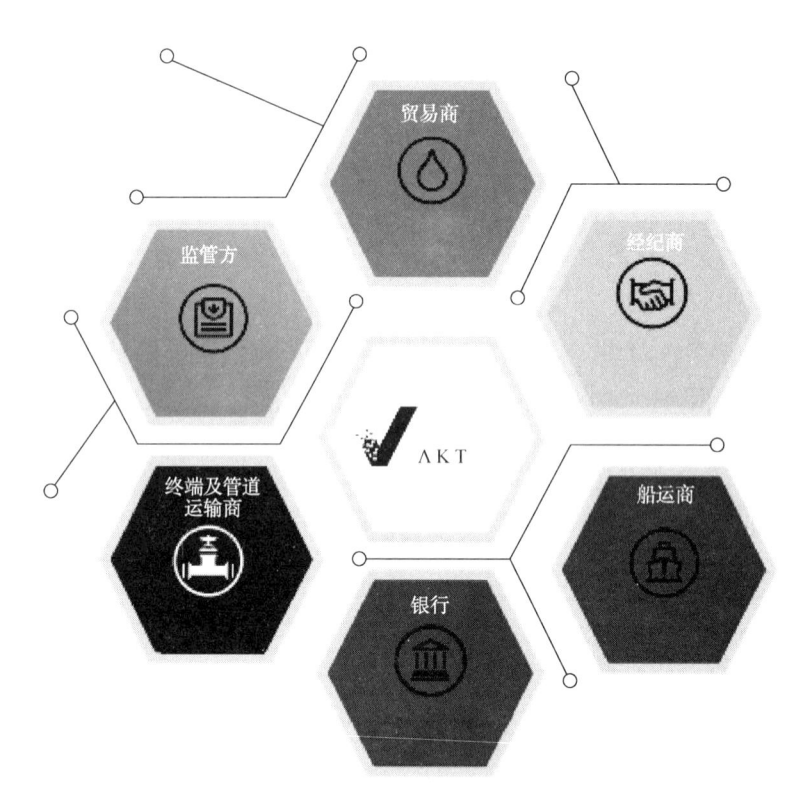

图 3-1　VAKT 平台的六类客户

全生命周期信息；通过消除对账和纸质单据转移流程，提高效率并创造新的贸易融资机会，聚焦交易后流程的数字生态系统培育。

对于油气贸易业务，该平台具有以下几方面优势：

（1）网络安全。当下，信息通常是通过不安全的渠道传递的，如电子邮件和物理邮件，这为恶意攻击和欺诈埋下了隐患。由于关键信息是在平台内部进行提交和交换的，VAKT 平台消除了不安全通信的风险。

（2）数据质量。平台交易双方的数据进行比较，可以立即发现差异，从而避免了交易双方数据出错的情况。

（3）交易便捷。平台的贸易融资功能使交易双方更容易获得信用证明，从而简化修改和管理流程，消除潜在的交易延迟。

2019年3月，道达尔和雪佛龙宣布加入并参股VAKT。2019年，VAKT重点关注ARA驳船、水运市场和美国原油管道，同时研究准备上线石化产品和美国的天然气。2020年1月，沙特阿美旗下能源风险投资部门投资了VAKT平台，沙特阿美的贸易子公司将其交易量添加到该平台。VAKT平台已用于北海布伦特，以及Forties、Oseberg、Ekofisk和Troll等原油交易市场，并占有了较高市场份额。

VAKT的另一个主要功能是帮助用户更便捷地获取贸易融资。通过与基于区块链的数字化大宗商品贸易融资平台Komgo相连，银行可以通过VAKT上记录的贸易信息而更放心、更高效地处理企业的融资请求，进而通过Komgo为用户提供融资解决方案。Komgo上的银行可以接受数字化的贸易数据和文件，以此开立数字化的信用证。VAKT和Komgo将继续探索两个平台之间的协同效应。

2. BTL Interbit平台

加拿大区块链初创公司"区块链科技有限公司"（Blockchain Tech Ltd，简称BTL）成立于2015年，总部位于加拿大温哥华，在多伦多TSX交易所创业板上市。该公司推出的Interbit平台（图3-2）是一个用于汇款和数据共享、便于资金和资产转移的分类账多链汇款平台，可应用于跨境汇款。

2017年3月，在该平台上开展了能源交易项目试点，参与方包括英国石油公司（BP）、意大利石油天然气公司埃尼集团（Eni）和德国维也纳能源公司（Wien Energie）。试点项目持续12周，完成了一些企业后台流程的自动化，包括确认、发票、结算、审计、报告，实现合规性监管。该平台显现出了其在交易处理方面的优势，包括提升交易速度、精简后台流程、降低风险、更好地防范网络威胁，从而增加能源

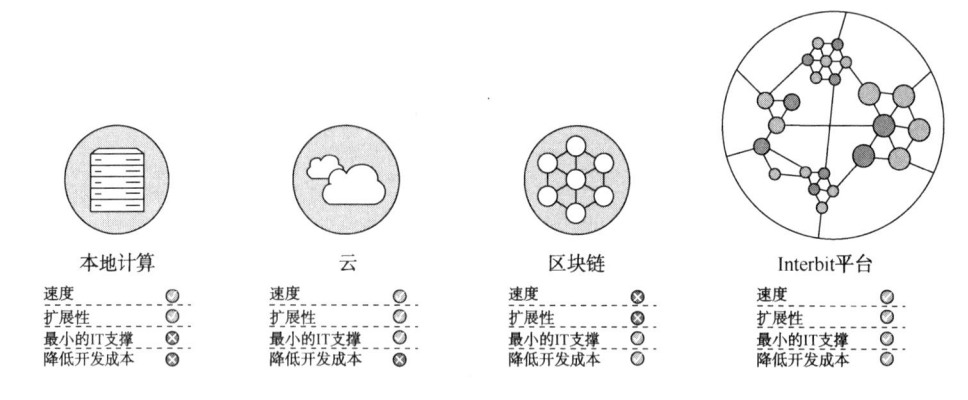

图 3-2　Interbit 平台示意图

交易机会，并最终节省大量成本。2017 年下半年，Interbit 平台的能源交易项目开始了为期 6 个月的大规模测试，并达到了商业化推广的要求，利用该平台可以在整个能源贸易生命周期中简化流程。

3. Enerchain 交易平台

成立于 2001 年的 Poton 公司是一家咨询公司和 IT 产品服务提供商，总部位于德国汉堡。2015 年，Poton 公司开发出基于区块链的 P2P 能源交易平台。

通常，在能源交易的初始阶段是由第三方机构提供市场情报、交易信息和网上交易，不仅中介费用高，而且时间成本高。Ponton 公司的目标是通过部署 Enerchain 中间网络，实现交易流程的去中介化，利用该系统，交易员可以直接提交和执行交易，避开第三方提供的网上交易，大幅度降低交易成本。

2016 年 11 月在阿姆斯特丹举行的 EMART 能源交易会上，能源交易公司 Yuso 和 Priogen Trading 公司使用 Enerchain 平台作为交易工具。该平台使用加密技术让交易机构以匿名方式发送订单，平台中的其他交易机构直接查看该订单，整个过程没有第三方运营的中心化机构参与。Enerchain 平台将支持包括石油和电力在内的大量能源产品交易。

4. 美国原油贸易金融平台

2018年3月，IBM携手美国石油交易公司托克（Trafigura）及法国外贸银行（Natixis）共同开发区块链交易金融平台，该平台运用区块链进行石油交易，这是美国石油现货市场上的首次区块链试验。

该平台使用Linux基金会领导的超级账本Fabric代码进行构建，在Trafigura的得克萨斯管道原油贸易中进行了测试，模拟了分布式账本；同时在IBM的云平台Bluemix上进行测试，由IBM France管理该平台。

该平台能确保贸易文件、交货出货记录、付款信息无法被篡改，平台内的买方、卖方及融资人（银行）等都能够查看和分享交易状态的实时数据。在分布式账本技术的支持下，网络中的所有交易参与者都会同时更新交易记录，而且这些记录无法被更改。进行的每一笔新交易都会立即在共享的分类账本中写入一个新记录。该平台基于区块链的工作流程来替代纸张化的办公方式，提高透明度，增强数据共享能力，可以解决目前商品贸易融资过程需要大量人力消耗、存在多个摩擦点、加工成本高等问题。

5. Voltron平台

渣打银行推出的基于区块链的油气交易平台Voltron，能够使各方直接交换信息，简化信用证签发、通知和议付以及单据提交等交易过程。

2019年8月，泰国国家石油公司（PTT Group）的子公司泰国国家石油国际交易公司（PTT International Trading Pte Ltd）与炼化公司IRPC在Voltron平台进行了试点交易，交易涉及从泰国向新加坡运输的石油产品。

借助区块链平台的试点交易不仅在提高速度和降低结算风险方

面具有明显的优势，同时也能在网络内灵活连接银行、企业及其他提供商。通过 Voltron 平台以电子方式发送文件，可以让交易中的所有参与者查看交易过程中的实时数据。渣打银行表示，相比于石油公司传统的依赖于人工和文书，完成交付需要长达 5 天时间，试点交易只需不到 12 小时，大幅度缩短了交易所需的时间。渣打银行还将通过试点获得客户反馈，不断为 Voltron 增添新功能，并计划将服务范围拓展至信用证以外的领域，建立传统贸易数字化的行业新标准。

二、数字货币

1. 委内瑞拉石油币

近年来，委内瑞拉受国际油价跳水、美国经济制裁、国内政治腐败等因素的影响，政府负债高企、货币通胀严重、失业率居高不下、人民基本的物质生活难以保障。面对如此困境，马杜罗政府押宝基于区块链技术的数字加密货币，希望借此获得新的跨境支付和国际融资渠道，从而打破美国的金融封锁，帮助委内瑞拉走出当前的经济困境。

2017 年 12 月，马杜罗政府提出了石油币的概念，2018 年 1 月底发行的《石油币白皮书》详细勾勒了石油币的前景：计划 2 月预售 3840 万个石油币，投资者将根据认购时间先后获得最高 60% 的折扣；3 月 20 日起，公开发行 4400 万个石油币，折扣也会根据购买时间的先后逐步减少；剩余 1760 万个石油币，将由委内瑞拉政府设立的数字加密货币管理机构持有。政府规定，石油币发行收入的 15% 将投入石油币技术研发，15% 用于石油币生态环境建设，15% 投入技术、基础设施、特殊领域，以及对委内瑞拉国家经济发展有帮助的项目，55% 用于委内瑞拉主权基金。

第三章 区块链技术油气领域实践

2018年2月20日，委内瑞拉政府按照原定计划正式预售官方加密货币石油币(Petro)，官方宣称预售首日便获得了超过7亿美元的认购订单。石油币以委内瑞拉奥里诺科重油带阿亚库乔区块1号油田探明储量53.42亿桶原油作为信用担保，即发行物质基础。每个石油币与1桶石油等价，但不能直接兑换石油。

石油币用途包含：(1)"交换手段"，即可以用来购买商品和服务，并可以通过数字交易平台兑换成法定货币及其他加密资产或加密数字货币；(2)"数字平台"，即可以是商品和(或)原材料(电子商品)的数字化表现，也是国家和国际贸易的其他数字工具产物；(3)"储蓄和投资功能"，即可以在世界各地的电子交易所(交易平台)进行自由交易，不受封锁范围或第三方封锁限制，除非石油币被某个中心实体(比如交易所)拥有。石油币将被用来进行国际支付，成为委内瑞拉在国际上融资的一种新方式，帮助委内瑞拉对抗外界金融制裁、吸引全球投资和建立一套新的支付系统，打破美国的金融封锁。委内瑞拉的旅游业、部分汽油销售和原油交易可以接受石油币支付。

作为全球首个发行法定加密货币的国家，委内瑞拉在全球引起了关注，但石油币的象征意义大于实际意义。委内瑞拉的区块链进程都围绕石油币进行，其他应用较少，并没有解决什么实际问题。据链塔智库资料显示，由于货币贬值超过90%，委内瑞拉国内民众选择用比特币进行交易。2018年3月到4月，委内瑞拉本币玻利瓦尔计价的比特币交易量暴增138%，4月到5月增长39%，6月首周比特币交易量环比增幅达40%。在用比特币解决生活最基本问题的背景下，委内瑞拉的区块链其他应用的落地遥不可及。委内瑞拉总统马杜罗2018年10月1日在电视讲话中宣布，由委内瑞拉政府发行的数字加密货币石油币将于11月5日正式开放向公众出售，将在6家主流国际虚拟货币兑换所交易和流通。

2. 二叠纪币 Permian Token

2018年11月，PermianChain技术公司在IBM的超级账本上开发了 PermianChain 平台，用于未开发的潜在油气资源交易，为在私营石油贸易活动中进行直接股权投资创建了一个可靠平台，方便对储量开采前的估值，提高交易效率，增强油气企业之间的互动和贸易活跃度。

该平台使用二叠纪币 Permian Token 对潜在的石油和天然气储量进行估值，同时建立一个可以安全透明地交易这种代币的市场。通过将石油储量数字化，可以更容易地全面了解一个项目的可行性和现状。这种方法还将大大减少贸易所涉及的行政费用，全球已探明石油储量为1.6万亿桶，即使是交易效率的微小提高，也可能对该行业的盈利产生重大影响。

PermianChain 技术公司联合创始人 Mohamed El-Masri 认为，加密资产已成为全球金融市场的组成部分，区块链经济正变得越来越重要。油气行业已经到了一个临界点，需要找到新的效率和价值分配方式。页岩气、致密油或煤层气等非常规油气的引入，为整个行业提供了一个契机，PermianChain 将帮助供应商尽早获取收益，为买家提供更高折扣，并提高整个行业的价值，这是对目前运营模式的一个良好补充。

3. 原油币 Crudecoin

Wellsite 是一个面向油气行业上游的专业协作网络。2018年3月，推出了针对油田服务市场的加密货币——原油币 Crudecoin，通过将区块链和原油币整合到井场平台中，在油田设备租赁和技术服务中首次采用加密货币原油币进行结算，可以更低的成本、更高的效率执行合同。Wellsite 创始人兼首席运营官表示："原油币将解决运营商面临的速度、信任和成本等问题。通过全面采用区块链和数字代币，完全去中心化，让我们的客户开展从未有过的业务，Wellsite 将成为改变油气行业运营方式的领导者。"

三、油气计量与运输核算

区块链的不可篡改、加密等特性使其在油气生产计量、运输、交接核算等方面具有较好的应用场景。

1. 油气生产核算

阿布扎比国家石油公司（ADNOC）与 IBM 合作试点开发了基于区块链的自动化系统，整合其整个价值链上的油气生产。该系统将为从生产井到终端客户的各个阶段的交易跟踪、验证和执行提供一个安全平台。

与许多区块链试点项目一样，此次 ADNOC 的区块链试点项目有望提高效率并提高利益相关者的透明度。不同于其他试点项目只是将重点放在商品供应链的关键部分，如贸易和交易后流程，该试点应用于整个石油和天然气生命周期，ADNOC 还计划以后将客户和投资者纳入该平台。

根据 ADNOC 发布的官方声明，ADNOC 区块链试点将提供一个单一平台，跟踪 ADNOC 运营下不同公司之间每笔双边交易的数量和财务价值，实现整个流程的自动化。例如，当原油从生产井运往炼油厂或出口终端时，所有的数量都需按日计算，同时还要计算相关的货币价值。纳入此次区块链应用的还有其他产品，包括汽油、凝析油、天然气液和硫。这些产品在 ADNOC 的运营公司之间进行交易，并出口到海外客户。

该试点项目最终还将与客户和投资者联系起来，从而在利益相关者之间提供无缝集成，增强的透明度不仅最终可降低固有的业务风险，还能够增强 ADNOC 作为投资伙伴的吸引力。ADNOC 正通过区块链和人工智能等技术获取收益，并在石油和天然气资源中释放新价值。

2. 油气运输管理

目前，在油气行业运营的各个流程中，石油公司和服务商、供应商之间的业务往来主要通过处理纸质文书或提单来执行，极大地降低了工作效率。从 2018 年开始，Consensy 公司开发了基于以太坊的区块链项目——Ondiflo 平台，该平台致力于实现油气行业提单的数字化，为订单到结算处理提供数字化解决方案。数字化过程通过交易签名、共识算法和跨链等技术保障分布式账本的一致性，自动实时完成账证相符、账账相符、账实相符，实现精确开具发票，减少误差。公司创始人 Joe Lubin 表示，Ondiflo 平台将为石油和天然气供应链提供一个解决方案，让所有运营商和服务公司都能从数字化、自动化以及数据的无缝交换和记录的不变性中受益。

2019 年 7 月 30 日，Ondiflo 平台与 BPX 能源公司合作，成功完成了得克萨斯州东部的流体运输价值证明的试点项目。Ondiflo 平台为运输品的现场跟踪优化提供了一个自动化平台，部署在三个流体运输公司，井口的传感器数据、服务订单、现场票据和发票、监管文件等关键数据均上传到平台，将计量数量与票据数量进行匹配，自动完成审批、发票处理等工作。50 口井的传感器与 Ondiflo 平台相连，每 5 分钟发送一次传感器测量数据。项目运行的第六周，运货检测和现场数据的匹配率达到 90% 以上，超过 65 名卡车司机和 11 名调度员使用了 Ondiflo 平台应用程序。BPX 能源公司采购和供应链主管 Balaji Ramakrishnan 表示，Ondiflo 平台的技术极大地改变了油田交易的管理方式，从纸质流程转变为数字流程，提高了生产率，降低了成本。该项目证明，物联网与区块链、大数据的结合，可以有效提高油气井生产阶段的流体运输采购—支付过程的速度，为公司创造商业价值。

四、钻井服务管理

在钻井服务领域，区块链和智能合约开始应用，并取得了较好效果。Data Gumbo 是一家美国区块链智能合约服务提供商，主要提供基于区块链的智能合约，以实现公司间合同执行的自动化。

1. 钻井运营业绩管理

Data Gumbo 公司在得克萨斯州承包了一个钻井项目，在该项目中建立了以区块链技术为基础的陆上钻井运营绩效合同管理系统。作业者和承包商都拥有完全相同的作业条款、数据以及实施流程，当作业开始进行时，即便是钻杆的连接时间节省了 1 分钟，所有项目成员也都能够立刻接收到消息。因此，在 6 个月的时间内，该合同为钻井承包商提供了极大的动力，连接钻杆的时间节省了约 25%，其他性能也得到了一定的改进。取得这一效果的主要原因在于，区块链技术的应用给予钻井承包商很大的信心，让他们相信在作业过程中，出色的表现能够带来即时的回馈。

随着智能合同提供的透明度和公司根据实际业绩自动支付，公司之间如何合作也将发生变化，它还将帮助企业建立更强大的钻井自动化业务体系，可以显著提高薪酬的发放速度和合理性。Data Gumbo 公司的首席执行官 Andrew Bruce 认为：业绩合同的自动执行将推动钻探行业的商业模式发生根本性改变。

2. 海上钻井运营管理

2018 年 6 月，Data Gumbo 与海上钻井承包商 Diamond Offshore 合作，推出海上钻井行业首个区块链技术应用服务平台 Blockchain Drilling，用于优化油井施工活动，包括岸上和海上的钻井相关服务、材料及供应链，提高运营效率并降低经营成本。Blockchain Drilling 平台由5个模块组成，分别是供应链和物流管理、油井规划、预算监控、动态关键路径和性能跟踪，可以根据用户需求，调整配置不同模块，以开展单一油井或多口油井活动；用户可以从任何网络访问、使用设备，并进行性能分析。该平台可用于采购、施工以及生产等阶段的油井跟踪、规划、优化，减少支出、消除浪费、改善进程，更好地协调当事各方。Blockchain Drilling服务将应用于Diamond Offshore旗下全部17座钻井平台上，打造行业内第一支"Blockchain Ready Rig™"船队。

在沙特阿美能源风险投资公司和挪威国家石油公司旗下技术风险投资公司的资金支持下，Data Gumbo公司与大型石油公司合作，利用区块链追踪墨西哥湾的钻井设备和钻井液。

3. 油田水管理

2019年8月，总部位于奥斯汀的Antelope水管理公司与Data Gumbo合作建立了名为GumboNet的区块链平台，这是该行业首次使用区块链技术为美国页岩气区块提供全面的水管理服务。Antelope将利用GumboNet平台的强大功能，为客户和供应商提供包括供水基础设施、采购和处理在内的实时数据、合同执行和付款自动化服务。GumboNet平台确保Antelope公司的所有客户和供应商的交易数据具有不可更改性以及较高的测量精度。Antelope公司的利益相关方和当地监管机构也将从数据的确定性中受益，降低管理成本。Antelope将GumboNet平台首次引入二叠盆地，该盆地是世界上最大的产油油田。Antelope的客户将能够从这个安全的区块链平台的自执行合同中获益，该平台支持24小时操作，无须人工监督。

五、油气行业的区块链联盟

除以上技术应用场景外，各大石油公司还积极抱团成立油气行业的区块链联盟，借此来加快油气行业区块链应用的步伐。2019年2月，埃克森美孚、雪佛龙、康菲、挪威国家石油、赫斯、先锋自然资源和雷普索尔7家大型石油和天然气公司宣布建立伙伴关系，在美国成立第一个行业区块链财团——海上运营商协会油气区块链联盟。

该联盟旨在推动区块链技术在油气行业的大规模应用，具体目标包括：通过技术评估、概念验证以及先导试验等方式，学习区块链技术并引导其在石油行业开展应用；根据区块链的技术优势，探索与石油行业的结合点；推动油气行业区块链技术标准和框架的制定，主要包括治理结构、智能合约、共识协议、加密需求等。此外，该联盟希望通过搭建业内的合作网络、建设区块链应用生态，推动该技术在油气勘探、生产、财务、IT、矿权管理及供应链等领域的应用，进而为整个行业发挥示范作用。

该财团董事会由7个创始成员公司的代表组成，负责监督财团资金，确保运营程序得到维护，并提供项目批准。

2019年10月，该联盟与Data Gumbo公司签署了在水管理领域中实施区块链技术试点的合同，利用GumboNet平台实现实时数据透明和准确，以及合同支付的自动化，试验正在巴肯页岩区进行。Data Gumbo首席执行官表示，这项技术每年可为在页岩区运营的油气企业节省约37亿美元的成本。油气区块链联盟主席表示，区块链是一个很有前途的工具，在油气行业的合作，使所有相关方受益，与Gumbo公司合作开展的这一试点证明非人操作的批量验证可以触发对供应商的自动支付，联盟期待从这一试点中吸取经验教训，为油气行业建立关键的区块链框架和指导方针，最大限度地降低成本，提高时效，消除纠纷。

第二节 国内的应用案例

几年前，国内石油公司就开始了区块链技术的应用尝试。2016年，中国石化成立了区块链研究院，探索将区块链技术引入电子档案管理中，以解决电子档案可信认证问题。中化集团2017年发布了互联网战略，着力通过互联网科技重新定义石化行业运营模式，全面升级产业结构，重新构建商业模式，结合石化产业链特点，发展区块链应用，优化贯通炼厂、化工企业、贸易商、船运、金融机构、海关、国检等关键节点的流程，提高效率、降低风险。目前，国内油气行业对于区块链的应用主要集中于原油/化工品贸易、文档存证管理，同时也在开展区块链的应用平台建设。

一、原油/化工品贸易

1. 中化集团的原油/化工品贸易

2017年12月，中化集团下属的中化能源科技针对从中东到中国的原油进口业务，成功完成我国第一单区块链原油进口交易试点（图3-3）。该技术应用的两大支撑——数字提单和智能合约，可以大幅度提升原油交易执行效率，减少交易融资成本。2018年3月，中化能源科技针对一船从中国泉州到新加坡的汽油出口业务，成功完成了区块链应用的出口交易试点（图3-4），是全球首单有政府部门参与监管的基于区块链应用的能源出口交易，标志着中化集团在能源化工进出口贸易业务领域的区块链应用验证成功。此试点参与方包括中化集团旗下的泉州石化与石油公司、厦门海关、中检集团、汇丰及船东、货代公司等，是全球第一次包含了大宗商品交易过程中的所有关键参与主体的区块链应用。利用区块链技术将跨境贸易各个关键环节的核心单据进行数字化,对贸易流程中的合同签订、货款汇兑、提单流转、海关监管等交易信息进行全程记录,大大提高了合同执行、检验、货物通关、结算和货物交付等各个环节效率,降低了交易风险。相比传统方式,区块链的应用能整体提高流程时间效率50%以上,融资成本减少30%以上。厦门海关要求加快和推进与中化集团进行能源贸易区块链应用试点的合作,鼓励能源贸易链条中关键环节的各参与者(银行、海关、港口、企业等)积极加入,进一步推进能源贸易领域区块链技术的实际应用。

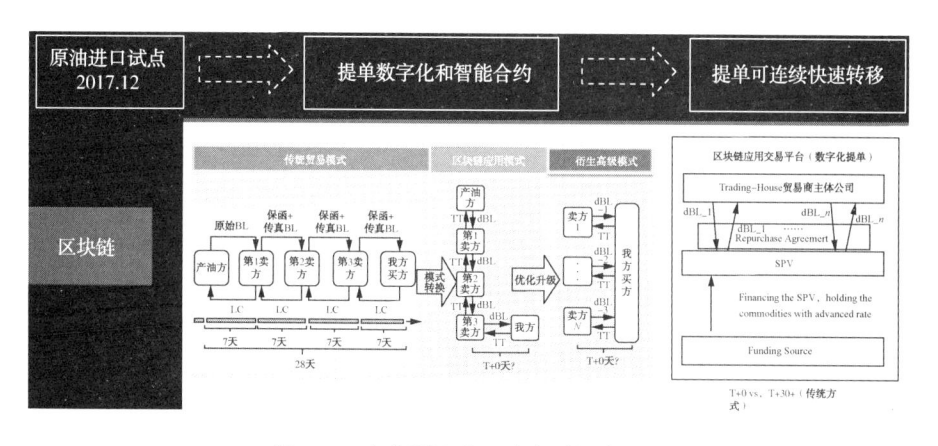

图 3-3　中化原油进口试点项目流程图

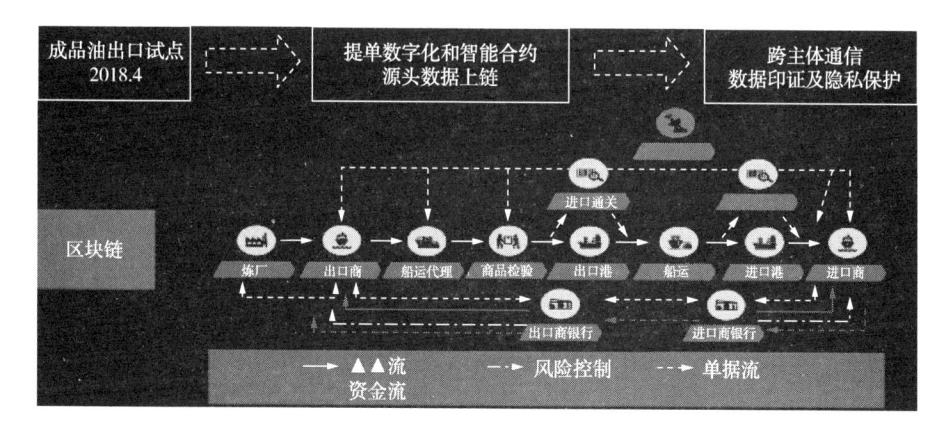

图 3-4　中化成品油出口试点项目流程图

区块链技术在油气行业的应用与前景

2018年6月，中化能源科技成功实现了化工品交易的区块链应用试点(图3-5)。试点参与方包括中化石化销售有限公司、汇丰银行(中国)有限公司、江阴川江化工有限公司及江阴恒阳化工储运有限公司等产业链上的关键主体。作为中化石化销售有限公司客户预付账款融资的典型供应链下游场景，试点通过供应链资产数字化和智能合约，智能对接供应链中的基础资产和融资业务，为下游采购方在预付行为上享受更高效优质服务奠定了基础。此次区块链技术在化工品交易领域试点的成功，为更多石化联盟链成员联合构建基于能源石化全产业链的区块链应用生态打下了坚实的基础。

目前，中化集团已经构建了原油交易联盟链和成品油交易联盟链。

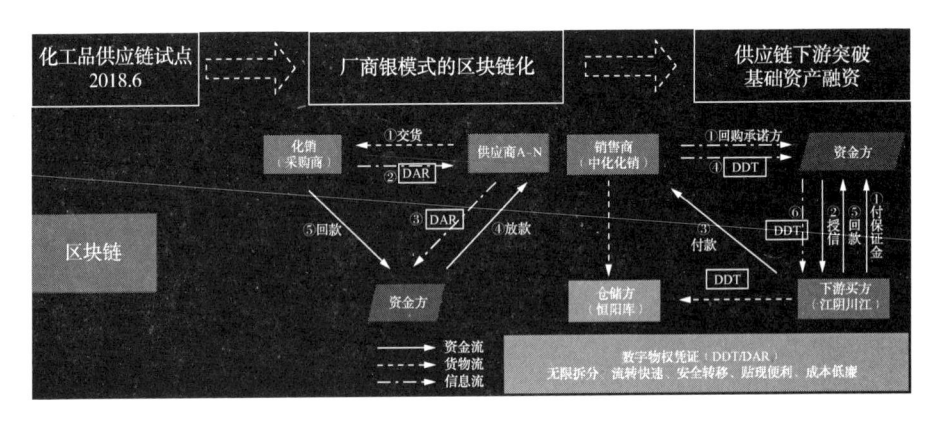

图3-5 中化化工品交易试点项目流程图

2. 中国海油的区块链贸易平台

中海石油化工进出口有限公司于2018年10月完成区块链贸易平台的原型开发。该项目2018年初启动，与招商银行开展技术战略合作，历经行业技术应用摸底调研、与全球前沿技术公司交流、筹建区块链应用联盟和区块链贸易平台设计开发等4个阶段，以国内海洋油贸易为应用试点，完成了区块链贸易平台的原型开发。该区块链贸易平台，通过对贸易合同进行数字化和非对称加密，使其具备防篡改属性；通过智能合约，实现智能判别条款是否可履约，进而自动执行开证及收付款。

二、文档存证管理

中国石化于2016年开始开展了企业电子文件归档和电子档案管理的试点项目，在集团总部试点了公文无纸化归档与管理，并在金陵石化试点了电子会计档案归档与管理、建设工程电子招投标电子文件归档与管理；2018年开始企业数字档案馆（室）试点，在中国石化工程建设公司试点将工程技术资料数字化归档。

该项目计划分两步走：首先在中国石化内部建立私有链，在公文、会计、招投标、合同、工程设计电子档案进行内部认证服务；将区块链技术与中国石化私有云技术进行整合，将基于区块链技术的凭证信任整体封装成服务组件，发布到中国石化现有PaaS平台云（图3-6）；目前，在集团总部、西北油田分公司、上海海洋分公司、胜利石油工程公司和石化盈科5个信任节点部署了区块链信任组件。中国石化正

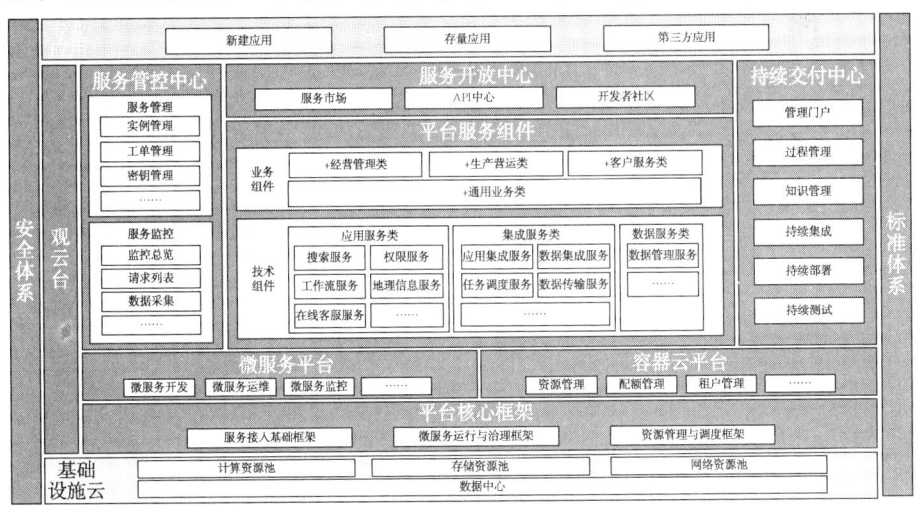

图3-6 中国石化PaaS平台云架构

在考虑与国家机关或社会上具有较高公信力的社会团体构建联盟链，建立区块链电子档案生态圈。

三、供应链物流

2018年8月，新奥能源、区块链平台唯链以及上海燃气签署了战略合作协议，开发基于唯链雷神区块链的液化天然气（LNG）解决方案。在该项目中，区块链技术主要应用于LNG供应链物流体系，将区块链与物联网设备结合使用，用于供应链管理。

天然气将被注入不同的储罐，并被分配一个编号，与储存在区块链上的澄清值、来源等相关数据进行关联。储罐被运往零售商时，物流信息和LNG质量报告也上传到区块链，包括各类天然气的分类标准、热值及运输。通过这一流程，LNG的所有数据均将通过区块链溯源、共享和保存，可以在区块链上对从运营商到本地经销商的LNG数据进行交叉验证，以高效准确地规范和优化LNG市场。舟山LNG接收及加注站成为首家试运行该解决方案的站点，该站拥有3个码头、2个全包液化气储罐、14个罐车装载筏，同时配备高压IFV汽化设施、高压外部传输设施、冷能发电及其他技术和辅助设施，每年可以处理300万吨LNG。

四、区块链应用平台

1. 中化集团的区块链应用BaaS平台

中化能源科技基于多年企业级系统平台构建的技术积累，打造出提供企业级区块链服务的"中化BaaS平台"。该平台在技术构架上追求"安全、高效、稳定、创新"，用以满足急速响应、低成本、可扩展、可移植、高容错、易管理、易使用等特性，降低用户使用门槛、方便用户使用。中化 BaaS 平台参考了 Hyperledger、DNA、Bitcoin 等开源技术，核心技术架构如图 3-7 所示。

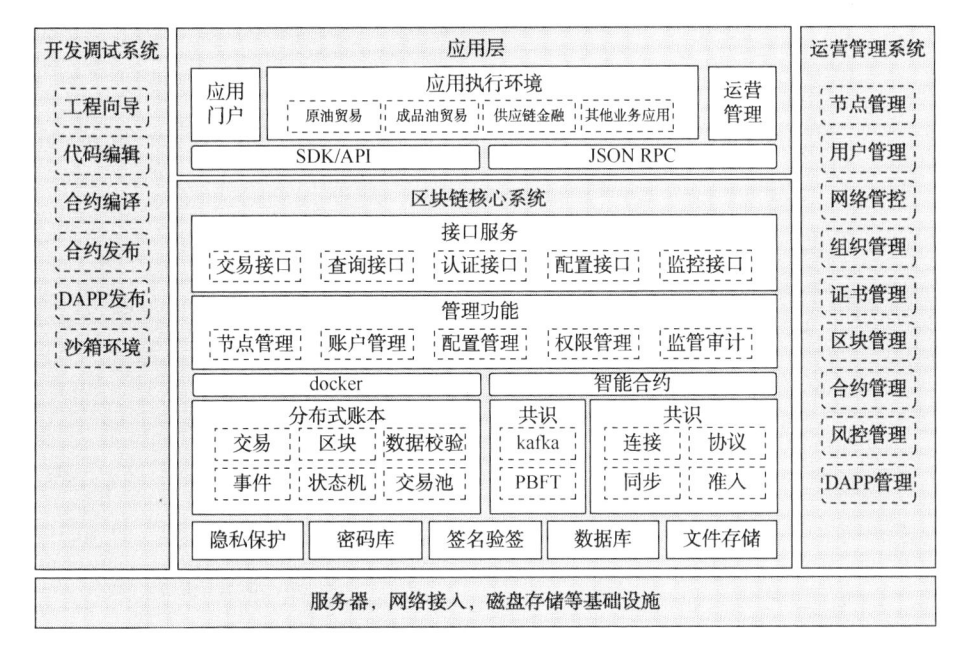

图 3-7 BaaS 平台核心技术架构图

2. 中国海油的区块链技术创新服务平台

中国海油提出了基于区块链技术的技术创新服务平台建设思路，主要是将技术创新全过程中所涉及的市场需求开发、顶层规划、立项、执行管理、供应商选择及采办管理、费用控制管理、知识产权、成果及软硬件产品管理、评估与产出等具有不同操作特性和时间特点，且相互关联的各个区块，通过数学方法集成到"去中心化"的运营平台，建立起分布式的区块结构管理模式，从而实现技术创新的有形传承、数据共享和推广应用，使技术成为资产，实现价值最大化。

将区块链的工作流程与信息数据平台的构建方法相结合，在平台数据访问层中引入区块链的时间戳+散列值的传输形式。在数据层和网络层核心技术的支撑下，采用分布式设计，构建服务平台的应用层。

应用层排列了市场、项目执行和成果评价等区块，包含了技术创新从市场需求、项目执行到后期成果评价和推广的全生命周期关键环节。其中，项目区块与项目管理制度体系相融合，项目费用使用、核心技术、技术供应商等信息在"去信任"的环境中被安全记录与共享。

　　该平台可以实现如下功能：一是记录、存储市场数据，形成技术需求库；二是监控管理项目执行全过程，将项目进度、预算执行、合同采办进度、阶段成果等信息发布至平台上，各项目可同步操作、实时反馈和交互；三是提供技术成果的应用转化后评估、综合指标评价等功能；四是与各级采办供应方数据库集成，为核心技术开发提供相关的国内外技术信息；五是智能调控技术创新资源，通过对参与人员的进度跟踪、经费投入的统计与评估，自动调整分配任务，使资源分布更平衡；六是对技术创新全过程中的各类数据和文件进行分布式存储；七是可以对外发布项目研发出的设备、产品及相关软硬件设施信息。

第四章

区块链技术油气行业未来场景

第一节 油气行业的主要特点

石油工业的产业链包括勘探、开发、储运、炼油、石油化工、销售等环节。石油工业从诞生到现在的近一个半世纪里，经历了翻天覆地的变化，除了表现出一般工业发展的基本规律和特征之外，更由于石油资源本身的特殊性和石油工业重要的经济、政治、军事意义，呈现出某些不同的特征。这些产业特征决定着其数字化转型的方向及其与区块链技术深度融合的大趋势。

一、高风险、高投入、高回报

由于石油资源在地下蕴藏情况的复杂性和人类科学技术水平的限制，油气勘探需要大规模投资，而且存在巨大风险，未来收益高度不确定；但是，一旦成功寻找到优质油气资源，将获得极大投资回报和极高利润，所以油气行业具有高投入、高风险、高回报的特征。第二次世界大战结束时，一般勘探井（野猫井）的成功率仅为1%，但一旦获得成功，所获利润同投资的比率可以高达千倍之多。直到今日，技术最为先进的西方大石油公司每年钻勘探井的平均成功率也仍不到50%。除了商业风险，石油公司还会面临潜在的政治风险，例如资源国政府做出对石油公司投资和经营环境不利或预料之外的政策调整。即便如此，石油公司仍然愿意"铤而走险"，决不会放过任何一个可能的机会。因为石油工业的利润是如此巨大，成为各家石油公司无法拒绝的诱惑。

石油行业的资本密集度和石油开采的高额成本也成为许多公司想进入该行业的天然壁垒。同其他行业相比，石油行业企业规模较大，行业垄断程度较高。除非资金雄厚、技术人才密集的大型或特大型企业或是借助于国家资本的企业集团，一般的企业很难经营得起。

二、资源不可再生性和分布不均衡性

石油产业属于资源采掘型产业，生存发展受到石油资源的约束。主要反映在两个方面：一是因为石油资源的有限性及不可再生性；二是油藏的产量具有随着开采而逐步递减的规律。这意味着其可持续发展必须依靠新增储量的接替，其成长性也体现在这一点。因此，石油资源占有量对于各家石油公司以至各个国家的重大意义不言自明。

世界油气资源分布极不均衡。以石油输出国组织（OPEC）为代表的少数产油国占据了世界绝大部分的已探明油气资源。而世界石油的主要消费地则是石油储量相对较少的发达国家和发展中国家。这种石油产、销之间的地域性差别，一方面把石油发展成了全球贸易最大的大宗商品，另一方面也形成了极为复杂的石油地缘结构，使得石油产业同国际政治产生了千丝万缕的联系，并由此引发了一系列的问题与冲突。

三、依靠技术推动发展

石油工业的历史就是一部技术进步的历史。100多年来,世界石油工业不止一次地陷入"衰竭""末日""终结""替代"的漩涡,最终都是依靠科技创新把人类从悲观失望中解救出来。每次重大的石油理论和科技创新,都在生产实践中引发一系列深刻变化,甚至改变全球能源格局。近代石油史上,经历了四次大的石油技术革命(图4-1),推动了油气产量的大幅提升。第一次石油技术革命是在20世纪20—30年代,从此进入了大发展时期;石油地质研究由地面地质转入地下地质,由仅仅根据油气苗、山沟河谷的露头来确定井位,发展到在背斜构造理论指导下找油气,石油地质由找油苗露头转入地下,开始采用地震反射波法,发现一批背斜构造油藏,原油年产量大幅提升,由1亿吨提升到2亿吨。第二次石油技术革命是在20世纪60—70年代,随着板块构造理论、有机地球化学、现代沉积学的进展,发现一批岩性地层油藏,加上牙轮钻头、喷射钻井等技术的出现,使石油年产量由10亿吨上升至20亿吨;同一时期,我国陆相生油理论的认识突破和应用,指导发现了大庆、胜利、华北、辽河等一批大中型油气田,使我国由此步入石油生产大国行列。第三次石油技术革命发生在20世纪80—90年代,以盆地模拟、水平井钻井、三维地震、三次采油为代表的理论与技术的应用使石油年产量稳定在30亿吨。第四次石油技术革命发生于21世纪初,以信息网络技术作为主要特征,并与生物工程、新材料应用等高新技术紧密结合,旋转导向、水平井分段压裂、随钻测井等新概念、新理论、新工艺、新方法层出不穷,石油年产量升至40亿吨;特别是近年来北美地区的"页岩油气革命",以水平井钻探、多级分段压裂、微地震监测等为核心的新技术的出现和应用,使

区块链技术在油气行业的应用与前景

页岩油气产量大幅度上升，再次改变了全球能源乃至政治经济外交格局。

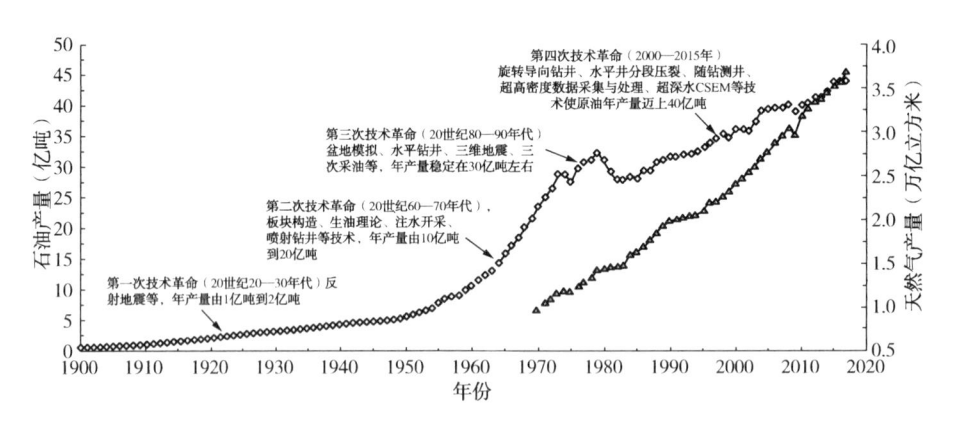

图 4-1　石油工业的四次技术革命

在不久的将来，无钻机钻井、海底工厂、纳米机器人、智能油田、"互联网+"等技术，必将把石油工业带入一个新的时代。"技术主导"初现端倪。谁掌握技术，谁就拥有未来。第一，在成熟油田挖潜方面，全球老油田的产量占总产量的70%以上，挖掘老油田潜力，进一步提高采收率必须依靠技术主导。第二，在非常规领域，"页岩油气革命"极大地提升了全球非常规天然气资源的开采与供应能力，加速了天然气黄金时代的到来，也重塑了世界能源格局，页岩油气开发面临一系列新问题、新挑战，迫切需要技术创新。第三，在深水等新领域，近20年来，深水油气产量不断增加，在全球海上油气产量中占比不断提高；深水是油气勘探开发技术创新的前沿领域，随着信息化、智能化技术的发展以及与传统油气技术的深度融合，将推动深水勘探开发向自动化、数字化、智能化、一体化、海底化、绿色化方向发展。

第二节　油气行业的数字化转型

一、油气行业的信息化历程

早在20世纪60年代，石油行业开始引入信息技术，油气企业采用信息技术对储层进行分析和预测；70年代初，石油公司开始建立大型工作站进行油田数据分析；80年代中期，以信息技术应用为主要特征的第三次技术革命，给石油行业带来了深远影响，到90年代初三维地震技术的应用将勘探发现成本较10年前降低了40%，90年代末期，推动公司油气产量和储量平均增长了2.5倍。BP、埃尼、道达尔、雷普索尔、沙特阿美等大型石油公司的大型计算机能力可以跟一些政府、军队和学术机构相媲美。进入21世纪以来，数字化、智能化技术在油气行业逐步扩大应用领域。

油气企业的信息化经历了从烟囱式的单独应用系统，到大规模系统集成和规模化管理，当前已经到了数据驱动的网络协同发展的智能化阶段。企业数字化从提高企业效率、优化业务流程发展到利用数字化创造扩展新的产品和服务。

二、油气行业的数字化转型

随着信息技术的飞速发展，以"云大物移智"（云计算、大数据、物联网、移动互联网、人工智能）为代表的新一波数字技术浪潮席卷全球。油气行业也处在数字化转型的重要时期，正在迈向以数字化、智能化为主要特征的第五次技术革命。著名咨询公司埃森哲统计，未来3~5年，约80%的油气公司将在数字技术应用上增加投入；60%的公司正计划加大对数字技术的投入，重点领域包括大数据/分析技术、云计算、物联网和移动设备等，并延伸到机器人、无人机、人工智能、智能穿戴设备等领域；全球油气生产领域对数字化的投资规模为600亿美元，未来5年内的复合年增长率为5%；预计至2025年间，数字化转型有望为整个油气行业带来1.58万亿美元的新增价值。

近年来，国际石油公司纷纷启动"数字化转型"战略，在数字化、智能化技术应用情景下，对公司发展战略、商业模式、运营管理、业务流程等做出一系列战略变革和调整，越来越多地引入数字化解决方案。埃克森美孚、BP和道达尔等公司，已广泛使用数据分析、云计算、数字孪生、机器人、全自动化、预测维护、机器学习和人工智能等技术，在生产全过程中打造数字油田、智能炼厂。在数字化转型过程中，很多国际石油公司和油田技术服务公司加大了开放式创新，纷纷与谷歌、微软等互联网、数字技术公司建立技术联盟或开展合作研发，借助外部技术优势重塑传统业务。

从当前国内外领先石油公司的实践看，油气行业数字化转型正着力推动数字技术与生产经营管理深度融合，主要方向围绕：（1）作业现场智能化，在油气生产作业现场，利用物联网、无人机、人工智能等技术，全方位实时感知和远程操控，转变生产运营方式，降低作业成本和风险。(2)生产运营一体化，运用大数据、数字孪生、人工智能等技术，建立智能高效生产计划执行体系，搭建可视化调度指挥平台，实现全局效益最优的计划调度和协同管理。（3）多专业协同化，利用虚拟/增强现实、认知计算等数字技术手段，致力于构建多学科、多专业交互融合的勘探开发一体化协同工作环境，打破专业壁垒，实现地质、物探、测井、钻井、修井、储运等各业务领域的数据信息共享，从根本上改变传统工作方式，提高勘探开发的所有参与者协作水平，共同提高作业效率，帮助不同专业领域技术人员打破学科界限，实现交流融合。（4）贸易销售平台化，油气贸易、市场销售等业务以数字化平台为基础，整合内外部信息数据，支撑油气资源配置、贸易风险防控；加强线上线下多渠道销售创新，做优贸易资源，做大客户群体，扩展商业模式。

人工智能技术正在成为数字化转型的重要驱动力量。基于人工智能的数字化转型将从自动化向自主化发展。自主化意味着设备和操作系统可以像人类那样具有学习和适应能力，无须人工干预就可以对事先没有设定的环境变化做出安全的反应和处理。随着自动化向自主化的不断迈进，油气行业不但可显著减少现场操作人员的数量，还可大大减轻现场操作人员的劳动强度，全面实现现场少人化或无人化，提升作业的安全性。据统计，2018年全球3000多家油气公司的运营费用及油井、设施、水下等资本支出达到了1万亿美元。在常规、非常规油气田勘探开发预算中，借助应用自动化和数字化手段，可降低钻井成本10%~20%，降低设备和水下成本10%~30%。

国际大石油公司虽然在不断加大数字化和智能化技术应用的投入，但是总的来讲，与电信、银行等行业相比，目前油气勘探开发领域的数字化和智能化程度仍偏低，处于发展的初期。未来在有效开发油气资源的过程中，数字技术将发挥越来越重要的作用，智能油气将成为油气行业的一次全方位技术革命。

三、区块链与油气行业数字化

如果将数字化系统比作人，互联网、移动互联网以及物联网就像人类的神经系统，大数据就像人体内的五脏六腑、皮肤以及器官，云计算相当于人体的脊梁，人工智能相当于人的大脑和神经末梢系统，而区块链技术，可以从DNA层面提升人的大脑反应速度、骨骼健壮程度、四肢操控灵活性，整个数字化系统加载了区块链技术，其基础功能和应用将得到大幅度扩展。

数字化转型的核心是利用新兴数字技术改造业务流程和管理模式，数据是数字化转型的基础，没有高质量的数据，就没有成功的数字化转型。数据不但是数字技术应用和数字化转型的基础，也被公认为一种生产资料，是油气公司的重要资产。石油行业积累了大量数据资料，但现在真正能用在生产中的数据占比较低，数据的归属及使用是推动石油公司发展的核心要素。而区块链为解决数据隐私、数字主体权利、使用权限的矛盾提供了解决方案，不但可以有效摆脱中心化的信息服务商对量大数据的控制，也可以自主控制数据使用权限，由此可以推动数据在更大范围内的共享与使用。

区块链技术与云计算相结合，充分应用去中心化（分布式）存储及计算，通过共享共识的方式建立公共信息账本，形成对网络状态的共识，区块链中参与方认可的、唯一的、可溯源的、不可篡改的信息源，可以有效解决云计算造成的数据被篡改与破坏的问题。

随着越来越多的油田作业者采用远程作业，以及采用机器替代员工来负责生产，确保这些高度连接的数字化互联设备和自动化工业控制系统（ICS）得到安全保护至关重要。区块链作为一个分布式系统，能够安全地提供复杂的网络服务，其执行能力直接部署到分布式油田设施和设备中，将提供一种全新的和有效的网络安全解决方案。

油气行业中的大量设备和系统中应用了人工智能技术。基于区块链的人工智能在用户设备注册、授权、确权、价值交换等方面可以使用智能合约，提升安全性。各种人工智能模块通过区块链进行链接，实现人与人工智能、人工智能之间的信息交换，甚至价值交换。人工智能亦可以进行链上学习，推进人工智能更加广泛应用。

第三节 区块链与油气行业的融合

作为一种新兴的信息技术，区块链解决了网络数据的信任问题，做到数据的公开透明、不可篡改、可追溯。该技术应用于油气行业，可以提升协同效率，降低交易和运行成本。2016年，德勤咨询公司发布的调查报告显示，石油和天然气管理人员对区块链表现出广泛的兴趣：55%的主管认为区块链技术有助于企业保持竞争优势，45%的主管承认其具有成为突破性技术的潜力，随着技术的成熟，以及与人工智能、物联网等技术结合，可能推动商业模式发生变革。

区块链技术可以帮助油气行业抑制价格波动，优化供应链管理，提高财务记账核算等工作效率，提升数据管理和共享程度，提高网络安全，简化各种工程和技术决策流程，增强透明度和可靠性，推动油气行业传统管理方式的转型。

一、区块链的应用价值

区块链引人关注之处在于，基于共识机制和加密技术实现信息的安全准确可信传输，在网络中建立直接的点对点之间的可靠信任，使得信息和价值传递过程去除了中介的干扰，既公开信息又保护隐私，既共同决策又保护每个主体权益，这种机制提高了信息交互的效率，并降低了成本。因此，区块链可以重塑行业运行方式，在信息不对称、不确定的环境下，将有信任需求、但又不容易建立信任关系的分散独立主体，提升为多方参与的统一多中心，建立各种活动赖以发生、发展的"信任"生态体系。此外，智能合约可以大幅提高行业和企业的运行管理效率。智能合同以代码形式将商定的标准编写进合同，消除了术语的模糊性，当合同标准得到满足时，合同自动执行；如果修改智能合同，区块链系统将保留所有版本和合同修订的记录。利用智能合约可以保障所有约定的可靠执行，避免篡改、抵赖和违约，实现契约型约定的智能化。

区块链可以改变油气行业，特别是石油化工交易及贸易行业长期以来形成的商业模式，打破产业链瓶颈，提升整个产业链价值，也可以有效提高运营管理效率，加速行业数字化转型。区块链或许成为能源转型和模式转化的催化剂。

1. 突破产业链瓶颈

石油工业涉及从上游的勘探开发，到中游的炼油化工，再到下游终端市场销售，以及复杂的国际贸易与跨境运输（图4-2）。由于产业链长、周期长、专业门类多、参与方众多，产业链上的不同主体之间摩擦不断，效率受到制约。区块链提供了一种价值互联互信的基础设施，搭建联盟链有助于实现平等参与、透明共享、智能协同的商业关系，使多边、多环节协作顺畅高效，帮助突破产业链瓶颈，使行业各主体之间更具可信赖性、贸易融资更具可获得性。因此，区块链在油气贸易、供应链、物流等领域具有广泛应用前景。

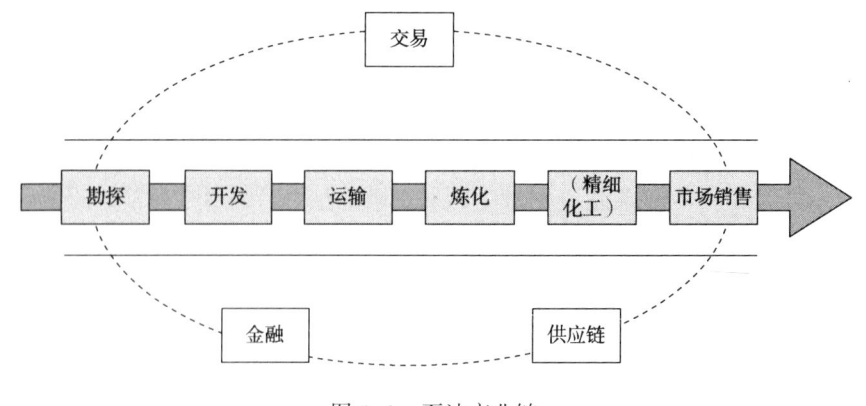

图4-2 石油产业链

2. 提高企业运营管理效率

在石油公司运营中，各业务环节衔接紧密，既有与外部市场的广泛连接，也有公司内不同专业直接的衔接和互通，构建内外快速的互信沟通机制，对于提高市场应对效率、强化企业内协作、构建敏捷企业、降低企业的运营成本等至关重要。围绕不同业务，搭建公司内部私有链，可以增加管理透明度，有效提高公司内部各部门、各下属企业间的沟通协作效率。

油气行业签署的合约极其复杂，通常伴有冗长的条款和约定，很多合同的执行过程跨度数年。智能合约可以实现各类合同的自动履行和监管、固定流程的自动判别和执行，节省法律条款解释和追踪记录的时间和成本，简化合同履行流程，提高工作效率，可以广泛应用于：在成品油销售和天然气销售中交易各方的身份确认、竞价防抵赖，在油田工程合同中根据约定条件自动履行合同，在大型炼油和化工生产系统将固定的流程自动化实现，减少人工操作审核的失误。智能合约可以约束甲乙双方的交易行为，能更好地规范市场，营造良好的石油投资、项目和运营生态，阳光项目执行过程，减少人为干扰。

3. 推动油气数字化转型

油气行业面临着传统业务模式增长乏力、绿色环保压力增大、新能源替代等多重挑战，迫切需要利用信息技术和互联网思维获得竞争优势。"数字化转型"成为油气行业应对挑战的重要抓手。以区块链为底层核心技术，结合物联网、大数据等新技术，为油气行业搭建可信的数字化基础设施，实现信息流、资金流、实物流的三流合一。

随着油气行业中的信息化程度逐渐深化，各企业机构间数据孤岛和数据共享困难等问题突显。通常，公司数据分享之后基本意味着失去了对数据的控制权，难以获知数据流动和被使用的真实情况，因此不受控的数据共享会削弱企业的核心竞争力，打破企业自身的商业壁垒。区块链带来了全新的基于隐私保护的信任机制，区块链中数据虽然是透明的，但用户对其自有数据拥有控制权，可以解决数据共享与数据主权控制的矛盾，将推动油气行业的信息共享、有效协作和开放合作。

二、区块链的应用领域

目前，在油气贸易领域区块链的探索应用非常活跃。买方、卖方、贸易公司、供应商（港口、船代、船运、货代等）、海关商检、保险金融等机构等都表现出对区块链应用的极大兴趣。引入区块链技术能够让交易变得更透明，允许所有人追踪交易，单证、物流跟踪和资金流等交易信息，可以实时、同步、安全地在网络上各主体之间进行交互并相互印证。在整个油气贸易生命周期中，精简了交易流程，加快了转移的速度，降低了交易成本，减少了风险，建立和维护公平的竞争环境，实现公平定价。

区块链技术在油气行业中还有更广阔的应用领域。油气行业投资巨大，参与公司众多，既有处于垄断地位的大型石油公司，也有大量为核心企业提供各种服务的中小公司，利用区块链可以将核心企业信用传递给中小企业，解决融资问题、降低融资成本，也可以作为结算手段，通过数字货币进行支付，降低成本、提高效率，还可以作为实现数据自主控制的手段。在油气行业的数字化转型中，区块链技术也可以发挥重要的推动作用。下面是区块链在油气行业中的一些应用领域。

1. 数字货币

在油气领域，公司之间的各种交易数额通常较大。以一个加工能力为30万桶/天的炼油厂为例，其每周用于购入原油的费用就多达1亿美元，而油气贸易、石油公司的兼并购业务等，其交易金额更是高达数百亿美元。按照传统的支付方式，交易双方往往需要聘请中间人并花费大量时间对交易进行复核以降低风险，当涉及跨境支付时，交易效率会进一步降低。如果石油公司、炼化企业等使用基于区块链技术的数字货币进行支付，可以以更省钱、更安全、更快捷的方式实现资金在全球范围内的流动，提高交易效率。

2. 土地权属记录

石油公司在开展勘探开发作业时需要获取土地的使用权，然而有些资源国的土地登记较为混乱，要理清资产的所有权及价值通常非常困难，尤其是各类文书都以纸件的形式保存，土地的交易存在较大的欺诈风险，尤其是在一些腐败程度较高的国家。为避免土地的交易欺诈风险，在格鲁吉亚、加纳等国家开始尝试用区块链技术解决这一问题。石油公司与资源国政府应用区块链技术加强土地权属的记录和管理，在土地交易过程中应用区块链技术生成一个透明的审计记录，方便地提取土地的交易价值、所有权等属性信息，减少土地交易纠纷，并为官方提供有效的监管方式。

3. 设备管理与产品溯源

无论是油田生产还是炼油化工，都需要对大量设备进行管理。区块链可以对大型设备或核心部件进行从出厂、运输、安装，直到维修、更换等全生命周期管理、全环节追溯。当设备或零件开始生产时，制造商在产品上贴上类芯片，写入产品制造信息，并传输记录在区块链上；设备出厂一直到最终用户经过的每个环节的信息都被记录到了区块链上，无法被篡改和删除，这可为设备的溯源及真伪验证提供了最完整的凭证。在放射源追踪、租赁设备流转及运行状态的追踪、原油油品的溯源等方面，均可应用区块链及时了解货物的来源及去处。

4. 招投标和竞价管理

油气田勘探开发、油田服务、集输系统建设和炼化装置建设、特种设备和特种装备、钢铁煤炭等原材料采购等都需要涉及大量、大额的招投标。在招投标过程中的相关主体建立联盟链，可以最大限度减少中间环节，精简办事流程，打通各端信息透明度，增强各方互信。通过线上智能合约，明晰招投标的缔约过失责任、中标或竞价成功后拒签合同应承担的民事责任、工程招投标中的不正当竞争与应当承担的法律责任，约束招投标过程中的信息流通，降低监管成本，杜绝信息篡改问题，保障招投标参与各方利益，达到招投标过程中公开、公平、公正。

5. 投融资平台

利用区块链实现信用传递，方便平台内各类企业的贷款融资，降低融资门槛和投资风险。在加油站建设中，传统的做法是，采用先投资建设加油站、再进行销售获利的模式。利用区块链通证经济的思路来融资，可以将未来使用成品油的权益以及加油站未来的收益通证化，为加油站进行融资，将融资成本部分下移。对于炼厂的建设项目，可以将部分融资成本向下转移给加油站，获取未来炼厂加工的成品油的使用权益。对于油田项目来说，可以将未来开采出石油的权益出售给炼厂，获取前期项目开发所需要的巨额融资。通过层层分摊，将原本独立业务需要负担的高额融资成本分摊，实现整个产业链上的互利共赢。

6. 数字油田边缘计算

油气田勘探开发产生海量数据，当前的普遍做法是传回服务端，即数据中心进行处理。相比于服务端的大型计算设备，需求端生产现场的小型计算设备并没有得到充分利用。由于油气井分布较为广泛，这样做不仅占用了网络带宽，而且存在较高的安全风险。应用区块链可以实现可靠的边缘计算，在数据源头的需求端处理本地油田数据。

利用边缘计算，根据需求端的小型设备能力，分配相应的计算任务，实现油气田大数据的就近处理，提高油田大数据分析的时效性和稳定性。以海上石油钻井平台为例，钻井平台上的数十个物联网传感器收集到操作数据后，如果都传到陆上的数据中心，不但延迟长，还会消耗过多的带宽和计算能力。采用基于区块链的边缘计算，油田每个作业区都可以运行自己的小型数据中心，钻机可以自行运行节点，进行数据收集、存储和处理，将大大减少对主要数据中心的压力，并消除网络拥塞、单点故障等问题，提高当前基础设施的可扩展性。

7. 数据的自主控制

油田炼厂中拥有众多物联网传感器。通常，物联网采集的设备信息需要上传到数据中心，再由数据中心统一处理各种用户请求。这样做，一方面经过数据中心后数据的隐私以及安全性会受到威胁；另一方面用户失去了对自己设备的信息所有权和控制权。区块链提供了一种解决物联网的集中式和分布式访问控制管理困境的解决方案。基于区块链的数据确权，在保护物联网数据隐私的同时，为用户创建安全的身份验证和授权机制，绑定其所拥有的物联网终端设备，用户可以控制自己的信息，防范数据未经授权滥用，保证用户对数据的所有权不受侵犯，使用户成为数据真正的主人，促进物联网数据的横向流动和多方协作。

8. 网络安全

石油和天然气行业面临的网络安全威胁呈指数级增长，区块链独特的防篡改、自我修复、自我复制和高度冗余等技术特性，可以解决诸如远程访问、基于角色的访问控制、加密和工业控制系统指纹识别等重要的网络安全问题，区块链技术将成为保护油气行业的新方式。区块链还提供跨工业边缘、边缘到中心或中心到边缘的网络保护，石油公司可以在此基础上建立现场身份和访问管理、远程访问系统、登记和瞬态设备控制以及网络连接共享保护。区块链的应用不受规模的限制，不论是只有500个井场的小规模作业者，还是大中型石油公司网络连接共享，都可以有足够的灵活性采用区块链技术为其部署网络安全系统。

三、油气+区块链的发展策略

区块链作为一项革命性技术，在油气贸易与油气生产管理中具有广泛的应用领域和发展前景。我国的油气行业也在原油和化工贸易、文档存在管理等方面开展了积极的探索研究与应用。未来应该如何让区块链在油气行业中发挥更大作用呢？石油公司又应该从哪里作为布局区块链的切入点呢？

不同于公有链，联盟链更适合于作为油气行业的数字化生态的基础设施。工信部在《2018年中国区块链产业白皮书》中指出："联盟链作为支持分布式商业的基础组件，更能满足分布式商业中的多方对等合作与合规有序发展要求"。石油企业规模庞大、内部机构众多、管理层级负复杂，私有链更适合用于企业内部数量众多的关联交易、监管和审计等，以提高企业运营管理效率。因此，对于油气行业来说，联盟链和私有链更具有现实意义。

区块链作为分布式账本技术，天然需要多方协作，主要应用于多参与实体、多链条环节的场景，所以其大范围应用依赖于多方参与、彼此协作的区块链生态的建立。拥有足够数量、足够多样的参与方，而建立充分考虑其参与方利益的治理方式，是形成良好生态的基础。形成生态才能充分发挥其网络效应，促进链生态健康发展。

大型石油公司要发挥牵头作用，成为推动油气+区块链应用的主要力量。石油公司需要积极组建或参与油气行业的联盟链和区块链领域的相关国内外产业联盟，开展产业合作，同时与金融行业、政府监管等相关主体链集成，与国内外同行、产业链上下游企业共同缔造区块链生态，拓展对等的商业网络，实现各方共赢。

区块链技术应用将会触发新型商业模式、管理方式的变革以及规章制度的修订完善，需要研究与之相适应的组织形态，协调去中心化的区块链系统与中心化的业务系统之间关系，需要研究配套的公司管理、运营、监管等模式与规章制度，确保技术的有效落地，确保相关方的利益。同时持续关注可能带来的风险和挑战。

必须看到，区块链技术在油气行业中的应用也面临着严峻的挑战。油气行业在国民经济中处于基础性重要地位，需要加强政府监管，这与区块链的去中心化特征相背离。另外，从供给侧看，油气行业是天然的规模经济，而不是分布式发展；从需求侧看，油气行业对去中心化没有太大需求，油气技术服务通常由专业技术服务机构提供，油气公司主营业务对区块链的需求也不大。

尽管区块链技术正持续引发广泛的热情，但全球范围内油气领域引入区块链技术不过短短数年，总体来讲，油气行业的区块链应用技术处于概念验证和技术发展早期，尚在探索尝试的进程之中，需要时间进行技术验证和经验积累。目前，主要的探索企业是一些转型压力大或国际贸易需求量大的油气公司，规模应用案例仍是屈指可数，多数项目处于计划实施、小规模试验阶段。

此外，目前区块链技术本身仍处在早期萌发阶段，其理论基础、基础设施、技术安全、标准监管等还不够成熟。技术、市场和管理的不确定性，使其应用面临较大的技术障碍与安全风险。区块链在技术研究、产业应用、监管服务等方面都还有很长的路要走。

第四节 石油公司的探索场景

我国大型石油公司的业务领域主要涉及油气田勘探开发、油气田生产、工程技术服务、石油工程建设、石油装备制造、炼油与化工、油气销售与贸易、金融服务等。此外，为支撑主营业务，石油公司内部一般设立了规划计划、财务资产、人力资源、法律事务、科技管理、物资采购、审计内控、安全环保等职能部门。在石油公司的业务管理中区块链如何发挥作用呢？可以在哪些领域率先开展探索应用呢？

理性识别区块链的真正应用需求、摒弃不合理的应用需求是准确选择试点应用场景的重要原则。基于目前区块链的发展阶段和技术特征，分析区块链技术能够解决的业务痛点，主要针对现有其他技术不能有效解决的痛点，选择区块链试用场景。适用区块链的商业化场景至少需要具备三项典型条件：在效率和信任公平中，更注重后者；需多方协作，且相互间最好没有明确的隶属关系；参与各方不愿让渡或交易数据主权，也不愿无条件共享数据。

基于区块链的核心技术优势，主要适用于多实体参与、有形资产及无形资产的流转、含长流程环节、对数据真实性要求高、有信息追溯需求等场景，见表4-1。石油公司可针对这些场景探索区块链技术应用，推动油气行业数字化转型。

去中心化的区块链技术在效率上会低于中心化的实现方式，而且区块链的运行成本相对较高，因此，中心化能够完美解决的场景很难用区块链技术去颠覆。此外，在目前的区块链技术现状下，对于高频（毫秒级）交易、大量低值交易，也不适宜采用区块链解决方案。

表 4-1　区块链应用场景示例

多实体参与	实体包括石油企业、贸易公司、运输公司、金融机构、政府机构等，或者集团内部的不同法人单位，具有多中心且中心节点地位平等
有形资产及无形资产的流转	包括金融资产(证券等)、非金融资产(信息等)、有形资产(房产、设备/部件等)、无形资产(专利、知识产权、信息等)
含长流程环节	涉及多个实体线下审核确认完成的环节，处理时间长，参与人多，效率低，成本高
对数据真实性要求高	有审计和监管需求，对信息的出处、不可篡改有严格要求，同时希望提高效率
有信息追溯需求	存在追溯资产及信息出处的需求，如放射源追踪、大型设备的核心部件出厂、运输、安装、维修、更换等环节的追溯

根据区块链的适用场景分析，结合国内外油气行业应用区块链的实践，区块链技术可以在数字存证与确权、交接计量、货品溯源、供应链金融、原油/油品贸易等业务中发挥其优势，有针对性地解决现有业务中的痛点，适宜优先开展试点。

一、数据文档存证

区块链解决了数据信任问题，做到数据的公开、透明以及可用，同时可以防止数据的误用。区块链技术的核心是数据管理系统。在未来数字经济中可用于管理和承载数字社会的全部数据。

油气企业运营过程中产生了各种电子档案、工程资料、设计图纸、财务票据、合同文本、招投标文件、成果报告、项目资料等大量文件和数据，以往需要依赖中心化结构体系的维持和运行，依赖复杂的规章制度和多层级的审查流程进行管理。面临的主要痛点有：(1)不同企业或一个企业中不同业务和管理部门建立了各自独立的数据库和数据管理系统，其中的数据、文档和资料缺乏共享，信息的不对称造成了协作困难；(2)跨企业之间的电子文件缺乏可信度和可靠性的保障，票据、合同等在与外部企业的业务往来中，则失去凭证价值和法律效力；(3)科研活动参与主体多、管理环节多、流程长，各主体和管理部门信息不对称，造成科研信息和成果难以共享、科技项目重复、科技资源浪费等问题；(4)对于成果报告、项目资料等智力资产的拥有者将成果提交到中心数据库后，丧失了处理权，特别是科研人员将成果提交后，自己就无法控制成果的转移，导致科研人员不愿意将有价值的成果上传到数据库中。

在档案、合同、财务、电子商务、审计等领域，建立基于区块链的电子文件/档案的可信认证平台，对数据的真实性进行有效验证、对关键数据进行管理与存储，可以实现更安全、高效、可信的业务管理，解决海量档案、财务票据、招投标文件、工程资料等的存储管理与共享的矛盾。利用区块链技术，可以解决跨企业、跨部门、跨业务单元间数据交互的可信问题，为电子文档的凭证价值提供技术保障。

在科研管理中，采用区块链技术搭建科研管理平台，将技术创新链条各环节的参与单位(科研机构、应用单位等)及相关管理部门(科技管理部、财务部等)纳入平台，区块链分布式的点对点系统可以让各参与主体进行平等的信息交互和传递，解决科研信息的不对称，有利于科研成果在不同主体间的转移，加速科技成果推广应用，以及技术的不断改进与升级换代。加载时间戳的实验/试验数据和过程记录可以有效保护科研人员的研究成果，避免知识产权纠纷。科研成果所有者拥有对成果的处置权，可以自主决定授权对象，避免了中央数据库管理方式下科研人员对成果自主权的失控，有助于保护科研成果所有权，推动科研成果的共享与应用推广。

试点应用可以先将基于区块链技术的可信认证模块加载在原有的业务管理系统上，如档案系统、合同系统、财务系统、科研成果信息管理系统、工程资料等，使原有系统具备可信的电子文档功能，解决电子文件跨企业、跨系统可信利用问题，如图4-3所示。

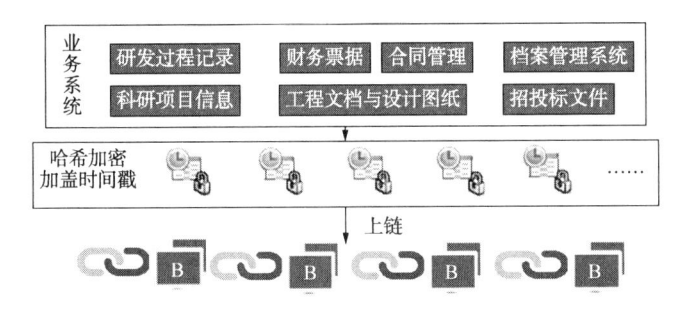

图4-3 区块链数据存证示意流程图

通过区块链技术与电子文件"深度融合"，可以使电子文件与外部单位进行交换，并被认证其真实性；可以使电子文件具有法律凭证作用，用作法律证据；可以让各参与主体平等自由交流，缩减信息不对称造成的信任成本，以及层级管理增加的时间和成本。

二、交接计量验收

在合同执行过程中，有大量工作进度、成果、流程的中间环节需要确认。如原油天然气计量交接业务、工程技术和工程建设的现场监督、收货验收等，这些类似于无法后期修改的签字画押过程，均可以应用区块链技术。

以原油天然气交接为例，客户签订原油天然气订单之后，需要进行客存提取申请、原油天然气计量对账、客存结算等活动。客存提取通常分为配送、自提、管道运输，其中自提还需要第三方物流公司来运输，涉及环节和参与方众多，图4-4为天然气计量交接对账流程图。客户在完成采购后，客户向销售公司提交供气(提气)申请；销售公司根据合同约定的提取方式给出答复(含运输方式、时间、地点等信息)；执行运输流程；销售公司和管道公司的计量设备自动记录天然气

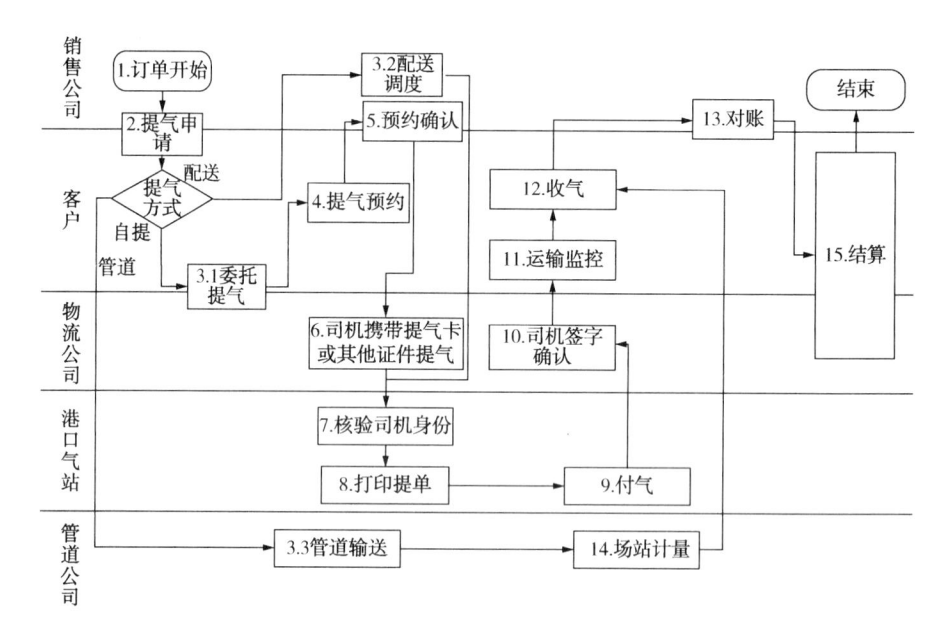

图 4-4 天然气计量交接对账流程图

计量信息；在客户接收处记录天然气计量信息；当日进行天然气交接信息对账；付气；司机签字确认（自提方式）；运输途中监控；收气；销售公司与客户定期对账；客户与销售公司、第三方物流公司分别结算。

目前，业务痛点包括：（1）客户自提时，如何快速确认客户与第三方物流公司的委托关系；（2）客存对账费时费力；（3）第三方物流公司为多个客户提供服务，物流调度时需要综合各客户信息，信息采集费时费力；（4）运输途中存在丢油丢气现象，付油、付气、收油、收气计量方式差异，导致运输损耗定耗争议；（5）管道运输计量争议。

建立基于区块链的原油和天然气计量与交接对账系统，从购油订单生效作为起点，共享客存分布式账本，认证提油司机，共享提油委托信息及付油、收油信息和计量信息，结合物联网监控油品运输状态。运输公司的提油司机信息、提油气交接结果在区块链上存证，解决了携带提油气卡或者手工核验身份证的低效，交接结果双方数字签名上链，不可篡改。在发生争议时，快速取证。客户、销售公司共享客存油气信息，客户、销售代表可以随时查看存量情况，双方共识交易，节省对账环节。采用智能合约，约定客户与第三方物流公司的委托运输关系、销售公司与客户的买卖关系，通过智能合约约定运输损耗范围等，与第三方物流公司、销售公司结算时自动触发执行。销售公司、油库、管道公司、运输公司、客户等参与方协同工作，不同场景下客存油气信息自动上链，运输车辆和司机、物流情况上链，销售合同和运输合同写入智能合约，免去对账的烦琐工作量，降低人工成本，提高效益。

三、货品追溯

在油气领域，重要设备、核心部件、关键物品的安全运输和使用对生产作业至关重要。装备制造企业需要追踪其设备的运输、安装、运行和维护状态，尤其是核心部件的提供、更换状态。对于油田企业，勘探生产使用的放射源，需要实时定位、实时追踪，随时检查和监管。以放射物追踪管理流程为例：基层使用单位发起作业申请；上级单位进行审批；企业生产部门依据作业审批对借源申请进行审批；企业环保部门也要对借源申请进行审批；判断是否跨省市；如跨省市，则进行异地使用备案；如不跨省市，则判断是否有运输资质；如无运输资质，则进行运输委托；如有运输资质，则出库；放射源物运输到使用场地（需第三方运输的签署委托合同书）；基层单位作业使用；基层单位使用完成后归还放射源物，保管部门入库保存。放射源追踪流程如图4-5所示。

目前的业务痛点为：中间环节多、流程长，设备的部件多，从生

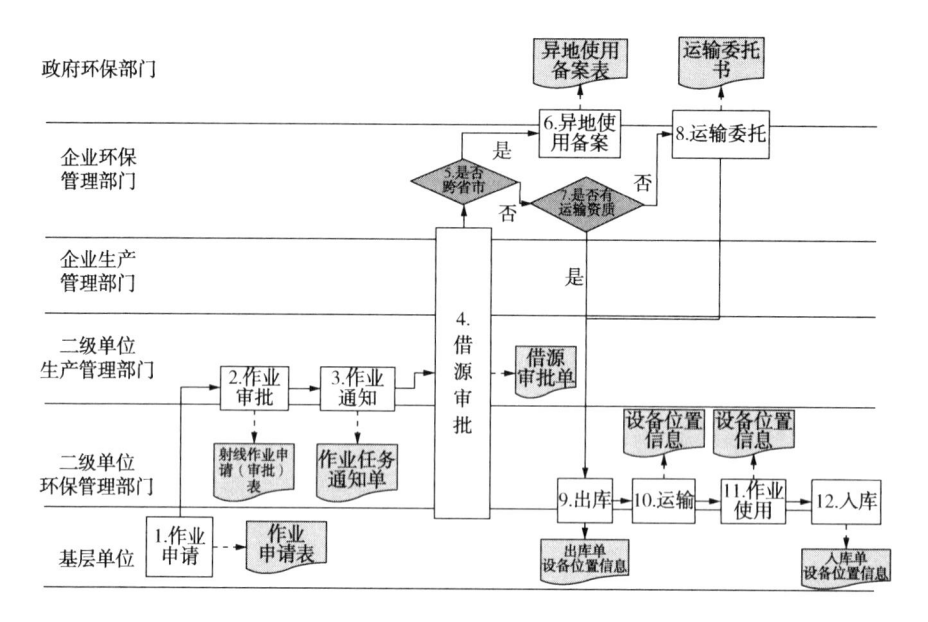

图 4-5 放射源追踪流程图

产、运输、安装、维护各环节追溯复杂，放射源高危害、存在丢失的现象，难追踪、难监管，目前以人工操作为主，浪费人力。

建立基于区块链的放射源追踪管理、设备信息等平台，将放射源、部件、设备等信息上链，充分发挥上链数据不可篡改、数据可完整追溯以及时间戳的特点，追踪各级审批记录、出入库和装货收货数据、设备运输和运行状态、放射物运输及存放地址、部件交接记录等业务信息，方便实时查看，便于全程追溯。解决了设备、关键部件和放射源跨企业、跨机构追溯不顺畅的问题，能够准确弄清放射源等物品的流转及责任归属，采用智能合约，自动判断合理性与合规性，减少手工操作。

货品追溯平台使物品流转信息公开透明，各阶段审批信息、放射源物联网数据上传共享，明确责任主体，方便监管、追责，降低风险；加强公司各级管理部门、政府监管机构、生产单位、运输方、使用方等多主体间的协同，提高效率。与政府监管机构联合建设联盟链，还有助于防范重大风险发生，并可在事故发生时明确责任，提升管理水平，全面推动行业的安全、质量管理水平提升。

四、供应链金融

油气产业链中，大型石油公司是核心，众多中小企业为大型石油公司提供各种服务和产品。但是，通常核心企业只能为一级供应商提供保理服务，协助提供金融服务，因为核心企业信用很难传递给二级、三级供应商，所以无法协助金融公司为下游供应商提供金融服务，贷款率较低。目前，虽然电子票据已经解决了票据本身的真伪问题，但是企业的交易情况、信用评级、物流信息等数据并不能简单获得，因此金融企业出于自身利益最大化的考虑，很少为供应链的下游企业发放贷款。

目前的业务痛点主要是：（1）核心企业话语权较大，中小企业融资难；（2）金融机构监控手段弱，坏账率高；（3）各交易主体的财富或价值管理完全孤立，无法有效地连接和融合。

建立融资区块链平台（图4-6），连接大型石油公司、各级供应商、

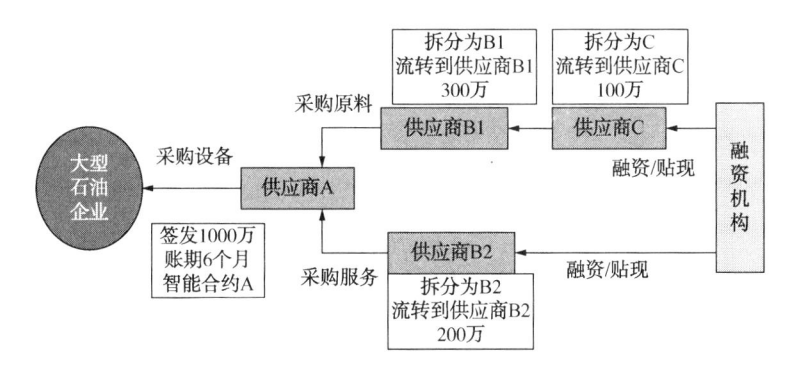

图4-6 区块链供应链金融示意流程图

金融机构、监管机构等，将核心企业到多级供应商的应收账款数字资产上链，遵循业务流程实现票据资产的链上流转，相关方共同记录票据数据和交易信息，提升票据市场应用的安全性和可追溯性；将核心单据（如提单、仓单、应收账款等）数字化能够实现可拆分、可转让，平台上的企业可以进行票据贴现兑换、企业融资，构建核心企业信任穿透机制，打通供应链，为末端供应商提供证明，满足供业链上不同角色企业票据融资、应收款融资、授信融资需求，拓宽中小企业融资渠道。通过智能合约约定利益分配等条款，在抵押、结算环节按智能合约自动触发执行。链上票据和交易透明且无法篡改，监管机构可对票据全部交易流程进行监管。

基于区块链技术的供应链金融通过多级供应商融资体系，能够依托核心企业的信用，降低供应链上所有企业的融资成本，提高资金流转的效率；为大型石油企业和金融机构等增加投资渠道，为各级供应商解决融资渠道，极大提高供应商的合作积极性；构建双赢的合作模式，有利于供应链上下游网络的合作与发展。

五、原油/油品贸易

原油、天然气和油品贸易是目前区块链技术在油气行业最为成熟的应用场景。BP、壳牌、道达尔、挪威国家石油等大型国际石油公司均参与搭建了基于区块链的油气油品贸易平台。

油气和油品贸易包括原油、成品油、天然气国际贸易，基本的流程如图4-7所示。首先，签订贸易合同，买方提交合同草稿，卖方、银行确认，再与买方、卖方、货代、海关进行协调，推动贸易交易的执行；然后，进入贸易执行环节，安排物流，主要完成找船、装货、航行、报关报检、卸货、到港、装港、卸货等；最后，传输信用证，

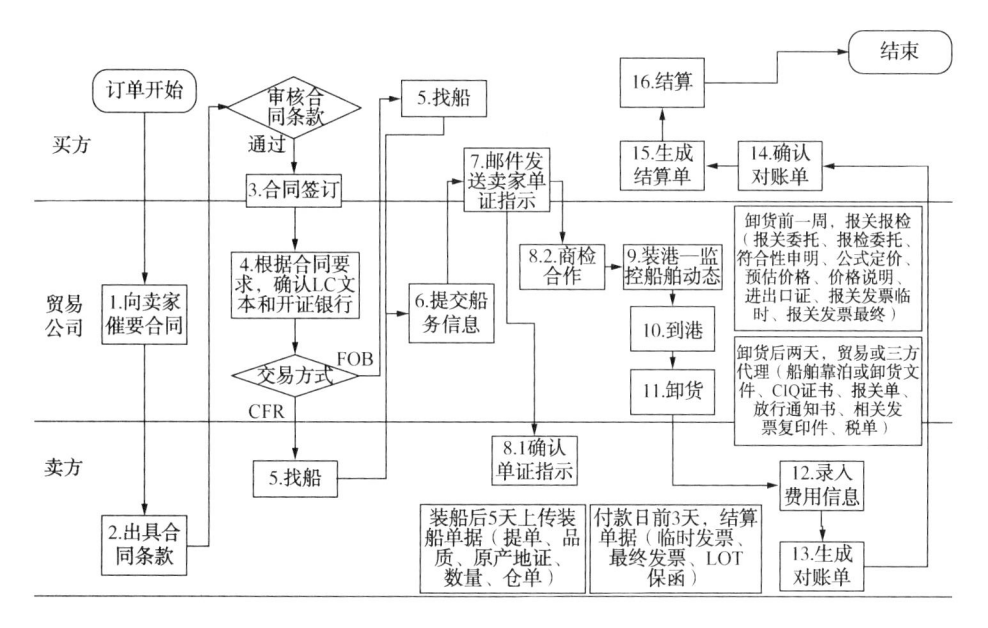

第四章 区块链技术油气行业未来场景

图 4-7 石油天然气贸易执行流程图

完成对账、结算。可以看出，该业务痛点在于：(1)参与方众多，线下协同量大，流程复杂，贸易执行信息在参与方之间人工传递，耗时长，且存在不一致的可能；(2)数据集中存放在石油交易平台内，存在篡改以及丢失风险；(3)贸易融资、保险、运输成本高。

建立基于区块链的石油贸易解决方案，可以让各参与方(买方、卖方、贸易公司、港口、船代、船运、货代、商检、海关、保险、银行等)在平台上协同工作，所有贸易文件、交货出货记录、付款等信息各方均可共享，如图 4-8 所示。建立共享账本，并将账本同时存放在买方、卖方、银行、货代、商检等节点，共享相关信息，将线下纸质文件传递的流程驱动方式变为线上驱动，提高贸易执行过程中各方协同效率。区块链上的贸易执行各环节信息(订单、合同、船务信息、装港信息、卸货信息、临时发票、正式发票、付款等)已被共识存放，具有不可篡改性、可追溯性，提高透明度，降低贸易执行风险。通过智能合约约定买卖、物流等条款，买方、卖方、银行等以数字签约方式确认，在交接、结算等贸易过程中按智能合约自动判别、触发执行和监管，简化合同履行流程，降低实体交易的行政操作风险和成本，提高交易操作的可靠性和效率。

(a) 传统石油交易平台　　(b) 基于区块链的石油交易平台

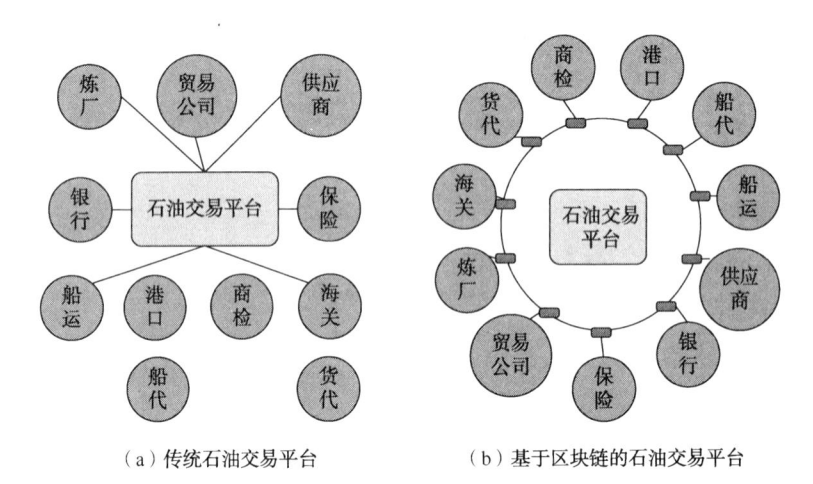

图 4-8　传统石油交易平台与基于区块链的石油交易平台

基于区块链的石油交易平台，可以实现各参与方受信任地共享贸易执行信息，数据安全且无法被篡改，贸易执行效率高，降低融资、保险、人工等成本，提高了整体效益，有利于贸易生态圈扩展繁荣。

第五章

区块链技术挑战与趋势

区块链技术自2008年问世以来，仅用了10余年的时间就引起了世界主要国家的高度关注，正逐步发展成具有独特应用和价值属性的产业链。随着区块链与经济社会的融合发展，也开始改变人们的生产生活方式。但是，就像所有的新生事物一样，区块链技术的未来发展既具有广阔的前景，又充满各种各样的挑战。

第一节 面临的主要挑战

区块链技术受到高度关注，正在不断渗透到各行各业之中，越来越多的行业区块链应用探索正在展开。但是区块链技术本身还处于不断发展之中，基础理论研究属于早期阶段，应用模式仍在尝试，还没有找到真正的"杀手级"应用，区块链仍不能提供真正的颠覆性革新方案，无法满足企业的关键性需求。

人们熟知的互联网、人工智能等技术，都经历了几十年的积累。技术的发展一般都会有一个厚积薄发的过程，技术的成熟和落地需要时间，而区块链技术刚刚发展十年，在理论基础、应用场景、技术安全、标准监管、管理模式等方面，面临诸多挑战，这些挑战既有科学与技术方面的，也有政策与法律方面的。

一、技术局限性

目前，在基础理论和技术上，区块链还存在不少缺陷和限制，主要表现在以下几个方面。

1. 技术性能问题

基于目前区块链在各行业的应用探索，其存储能力、执行效率等与实际需求还存在较大差距。

（1）数据存储能力。分布式账本记录了整个区块链网络从诞生到当前时间节点的一切交易记录，在保证区块链数据不可篡改的同时，带来了存储和同步的问题。区块链的数据只有追加没有移除，数据只会增加不会减少，随着时间的推移，区块链对数据存储大小的需要也只能持续地增大。目前，比特币的钱包已经需要占用几百 G 的存储空间，一般的手机和普通台式机都无法使用，进行一次比特币转账，必须长时间对大量节点进行存储才能完成，没有办法实时到账，按照发展趋势，账本过大将是一个急需解决的问题。另外，新添加进网络的节点同步账本所花费的时间也将越来越长，现在的同步账本时间已长达几天。如果没有改进的方案，将阻碍区块链网络的扩张。

（2）交易效率。传统数据库的每笔交易是被单独执行处理，但区块链系统则以区块为单位攒够多笔交易再批量处理，这就延长了交易时间。比特币和以太坊的吞吐量分别约为 7TPS（每秒处理数）和 25TPS，超级账本的吞吐量不到 2000TPS，远低于现有的数据库。不论是基于 PoW 的公有链，还是基于 PBFT 的联盟链，每笔交易的签名与验证、每个区块的哈希运算以及复杂的共识过程等都需要占用大量时间和系统资源。当前应用广泛的公有链（如比特币、以太坊）和联盟链（如超级账本）都无法支持高频交易的场景,在吞吐量方面与高频交易(如支付、大规模物联网)的实际需求存在几个数量级的差距。以比特币为例,一秒只能处理7笔交易,而确定交易则要等待下一个区块产生,平均为10分钟,这种处理能力远远无法满足需求,金融体系的支付结算中现有的Visa网络处理交易速度是每秒5.6万笔。

(3)可扩展性。传统数据库通过横向扩展增加节点数,可以线性地提高系统存储容量、吞吐量和并发访问量。区块链平台随着节点数的增加,由于共识算法需要消耗大量资源,其系统整体性能反而在下降,即随着接入节点的增加,交易处理性能持续下降。增强扩展性的挑战主要在于如何提高基于区块链的交易的吞吐量,降低交易的确认延迟。无论是金融领域的高频支付,还是处理医疗行业的海量数据,目前的技术能力都无法保证交易的吞吐量与效率。

在区块链领域,一直都存在着一个所谓的"不可能三角",即在区块链系统中,可扩展性、去中心和安全性三者最多只能取其二。要想在区块链系统中完全获得这三种属性几乎是不可能的,而这三种属性又恰恰是理想的区块链系统所应具备的。因此,任何区块链系统的架构设计都会包含这三者的折中与权衡。目前,区块链的交易吞吐量都较低,与淘宝每秒百万以上的交易吞吐相比,相差几个数量级。在确保可信的前提下,克服可扩展性问题的挑战对于区块链技术研究而言,还有一段很长的路要走。

2. 功能的问题

数据库应用过程中,访问控制、数据查询和统计分析是必须具备的功能,在这方面,区块链还有较大的不足。

(1)并发处理。传统数据库可高并发地为成百上千的客户端提供服务。区块链的节点大多是以对等节点的身份参与点对点网络中的交易处理，并没有针对高并发服务做优化设计，因而无法支持高并发的客户端访问。

（2）查询统计。传统数据库提供了丰富的查询语句和统计函数。现有的区块链技术对于查询分析的支持非常差，历史数据的查询和统计功能、数据访问功能都非常薄弱，通常只能把数据镜像在区块链之前进行查询分析，这样又带来了一致性的问题。

（3）事务处理。目前的区块链平台主要依赖底层数据库来提供事务处理，而底层数据库大多是没有事务处理能力的Key-Value数据库。

（4）访问控制。传统数据库具有成熟的访问控制机制。区块链平台的数据都是公开透明地全量存储于每个节点，仅依靠交易的签名与验证来确定资产的所有权和保证交易的不可伪造，除此之外基本没有其他控制机制，因此需要解决去中心化的访问控制问题。

3. 安全性与隐私保护问题

虽然区块链技术采用密码学相关技术，具有很高的安全性，但是整个区块链网络在隐私和安全方面仍存在薄弱环节。

（1）51%攻击问题。简单地说，就是在投票制中只要掌握了半数以上的选票，就可以使任何提案通过。虽然理论上掌握分布式网络的大多数算力几乎是不可能的事，但是矿池的出现使"51%攻击"具备了实施的可能。矿池指的是产业化、规模化挖矿，将成千上万台机器集群，加上选择专门用于挖矿的矿机，形成了算力集中，这就破坏了分布式设计。放在比特币环境下，一笔交易只要半数以上的节点通过，那么对整个网络来说就是合法有效的，也就可能出现双重支付的问题。因此，算力集中破坏了去中心化的设计初衷，带来一定的安全隐患。

（2）数据隐私问题。区块链最热门的应用场景在金融领域，安全和用户隐私是被关注最多的话题。比特币使用地址进行交易，具有匿名性，但是交易记录却完全公开。一个地址上的所有交易记录都能够被查到，一旦将地址与真实身份联系起来，后果将十分严重。如何保护私钥使其足够安全，是区块链技术面临的一大难题。假如用户私钥被盗，不仅身份数据会被盗用，私人财产将面临风险。区块链采用非对称密钥机制，可以保证安全性，但是对私钥的使用和保存情况非常令人担忧，即使将256字节的私钥表现成50个字符长度形式，依然难以记忆，需要使用其他软件进行辅助。这样，辅助软件的安全性就又成为新的隐患，这就是为什么会出现网站或者个人比特币被盗的事件。

联盟链的安全性尚未经过大范围、长时间验证，新业务模式也将带来新的安全风险。很多隐私保护技术正在探索之中，如环签名、零知识证明、同态加密、多方可信计算等。工业区块链项目涉及交易信息、信用信息等敏感性商业信息，因此授信平台对数据隐私保护要求更高，数据存储必须有很强的防截获、防破解能力；而在区块链中，所有交易数据都是公开和透明的，几乎每一个参与者都能够获得完整的数据备份。在许多场景下，对于商业机构而言，账户和交易信息是重要资产和商业机密，不希望公开分享。

4. 联盟链和私有链的问题

根据区块链网络去中心化程度的不同，分化出三种不同应用场景下的区块链：公有链、联盟链和私有链。联盟链和私有链不是完全的去中心化，节点的加入、退出需要获得区块链系统的认可与授权，由此也带来了诸多挑战。

（1）联盟链的问题。联盟链作为一种带有权限机制的区块链，权限分配成为必须面对的问题。一是准入权限，如何获准一个节点加入区块链，是通过人工鉴别还是采用身份验证机制。二是链中数据的查阅权限，企业和机构的数据都是存在保密等级的，不同等级权限的节点只能看到本级被授权的数据，如何分配查阅权限和划分数据保密等级。三是联盟链如何保证低等级节点不参与高等级节点的交易。四是匿名性和数据透明性与审计便利性协调，如果保留匿名性，审计就难以开展；如果方便审计不保留匿名性，每个公司为了避免所有数据都被公开，势必要降低数据的透明性，或者将交易数据进行加密，这样又增加了审计的工作量。

（2）私有链的问题。私有链多用于一个公司或机构的内部，存在着与联盟链类似的问题。一是可视权限分配问题，需要对数据的访问权限细化到每一个账户。二是效率问题，私有链的节点都是被掌握的可信节点，不需要采用浪费算力、效率低下的 PoW 共识机制，考虑使用其他高性能的分布式一致性解决方法。三是本身的安全问题，过于集中的私有链抵御攻击的能力比公有链和联盟链差很多，如果攻击来自内部，修改"理论上不可篡改"的区块链也是可以做到的。

二、非技术难题

区块链的分布式点对点技术理念与传统的中心化、层级式技术管理方式有着很大的不同。区块链本身的去中心化特性会对中心化机构形成巨大冲击和挑战。现有中心化机构的权利可能被削弱甚至取代，利益将会重新分配。因此，相对于技术层面的不足，非技术层面的难题则更为复杂。在这种新型的技术架构下，需要改变很多认知方式和管理模式，对现有的治理方式、政策制度、监管手段均提出了严峻挑战。

1. 治理与管理方式需要调整

区块链产业上包含了众多不同类型的主体，客观上增加了区块链技术合作领域的复杂性和协调难度。推动区块链技术应用落地，需要上链的不同企业、机构、管理部门之间的通力合作，这对所有参与者的综合管理能力提出了挑战。

从区块链的应用案例可以发现，不少国家在推进区块链技术落地时采用了政企合作模式。但是，这种合作模式有可能引发区块链技术管理主体缺位，以及实施过程中权责分配的问题。

一旦数据上"链"即不可篡改，这与现有的部分政策存在冲突。例如，欧盟规定民众当事人拥有可以删除自己在互联网上不愿让人看到信息的权利，这些信息可以是自己上传的，也可以是被第三方上传的。因此，使用区块链技术将数据上链，如何跟现有的法律政策相适应将是个挑战。

目前当资产上链时，如何将区块链内的数字资产与区块链外的实物资产之间建立牢固、可信任的链接绑定关系，并且使这种关系难以伪造和打断，是个尚需破解的难题。资产上链问题需要让技术与管理相结合进行解决，建设相关标准规范，确保链上资产和真实世界资产的一致性。

2. 监管制度亟待建立

区块链最早、最成功的应用是比特币，而比特币早期主要应用在"暗网"中，一度成为洗钱和非法交易的途径。同时，去中心化的特性使区块链成为一个分散均衡的节点体系，降低了金融监管的针对性和有效性。如果说现在监管者面临的是海量数据，那么区块链技术下的监管者将面临"天量"数据，在缺乏精确入口搜寻和使用这些数据的同时，一个中心化的机构如何处理去中心化的数据，对监管者处理风险的应对能力和监管工具的有效性都是一种严峻的挑战。

3. 技术标准不完善

从区块链应用现状来看，许多组织和机构都在小规模范围内尝试使用区块链，导致区块链技术和平台多样化。在全球最大开源代码托管平台 GitHub 上，有超过 6500 个活跃区块链项目，这些项目使用不同的平台、不同的开发语言、不同的协议、不同的共识机制和隐私保护方案。如果各机构在不同的标准上不断建立新的"孤岛式"解决方案，将导致产生无数基于不同标准的、复杂的封闭解决方案。如果没有行业标准，异构的区块链之间"互操作性问题"就将成为区块链面临的重大挑战。在互联网时代，人们已经饱受"信息孤岛、异构数据融合与异构协议互操作"之苦，不同区块链的跨链挑战将有过之而无不及。区块链行业若要转向更深层次的应用，技术标准的制定将是重中之重。

总体来讲，区块链领域的国家标准/行业标准还处于较早发展阶段，仅有少量基础性的标准立项，仍处于研制阶段。

4. 运行成本高

区块链运行成本大概率高于中心化的解决方案。区块链的运行成本可以分为三类：一是计算成本。由于密码学的加入，验证以及创建都涉及一定量的计算，在 PoW 机制中，矿工们通过大量计算获得区块奖励。二是存储成本，相较于中心化的方案，存储的冗余是核心问题，整个系统所需要的存储量是中心化的数倍。换句话说，原本中心节点所承担的存储任务，需要每个参与者都承担。例如，有一项服务有 1000 人在使用，理论上区块链应该建立 1000 个节点，如果 A 给 B 转了 100 元钱，以前只改变一个或几个服务器信息，现在需要 1000 次信息修改和存储，存储空间、存储时间、能源消费提升了 1000 倍。三是网络成本。主要指的是数据传输所占用的带宽以及消耗的时间，相比于中心化的方案，区块链所占用的带宽可能是多倍，具体倍数需要依据网络状况而定。目前，区块链的运行成本大多超过相同的中心化方案。

5. 对技术的认知不足

区块链技术本身的复杂性，让多数人很难理解并正确认识。区块链解决了信任问题，能够让网络中的陌生节点建立信任，但是却不容易让人们确信它本身是否是区块链，尚缺乏一种简单的信任衡量机制。另外，在享受区块链去中心化好处的同时，也失去了中心化机构对风险和责任的承担，每个使用者需要自己承担风险，这对很多民众来说还难以接受。比如，密钥或身份等重要信息需要用户自身负责保管，一旦丢失，没有第三方能帮你找回。

新技术变革会对传统工作方式带来较大冲击。技术应用将带来业务流程的变革，将增加业务转换和学习的成本。同时，区块链完全电子化记录，使过去的很多灰色地带透明化，可能损害应用方既得利益。此外，对新技术的认识、推广和广泛接受需要一个过程，带来人们学习适应的困难。

6. 去中心化的相对性

区块链最引人关注的是去中心化特性。但是区块链中一定有"群主"，这个群主是不是中心？区块链中的规则由谁制定？规则可不可以修改？制定和修改规则的人是不是中心？因此，区块链的"去中心化"很可能是在"去别人的、传统的中心，而确立自己为中心"。比如Libra，如果按照其白皮书的规则运行，必然导致几种后果：第一，绕过各国金融监管机构和中央银行发行世界货币，使Libra协会实际变成世界货币的发行者，其地位堪比国际货币基金组织（IMF）；第二，其货币篮子想让谁进就让谁进，不想让谁进谁就进不来，篮子里的各国货币比例也由Libra协会说了算，可以轻易排斥一些国家货币。这样Libra协会则可以凌驾于各国政府，甚至IMF之上。从Libra可以看出，区块链技术不是去中心化，而是去各国中央银行（传统的货币中心），把Libra协会变成了世界货币中心。

前文所提到的矿池的出现不仅带来了"51%攻击"的威胁，更大的问题是将导致分布式网络出现中心化趋势,权利集中在掌握大量算力的机构中。同时也影响了整个分布式网络的稳定性,如果一个矿池发生问题(如停电、火灾等),整个网络都会受到影响,削弱了分布式网络的优势。

第二节 发展前景与趋势

一、技术成熟度

总体来看,区块链技术还处在发展初期。著名的信息技术调研与咨询服务公司Gartner的研究表明,区块链技术还没有进入发展高峰,大多数企业的区块链项目都还处于试验阶段,区块链还无法在整个业务生态系统中引发数字业务的变革;预计到2023年,区块链平台将变得可扩展、可互操作,并将支持智能合约可移动性和跨链功能,支持数据隐私所要求的受信交易,实现对隐私的有效保护;到2028年,区块链技术才能更加具有扩展性、更加成熟并支撑场景应用。

2019年7月底发布的《Gartner 2019:区块链技术成熟度曲线》显示了区块链关键技术在成熟度曲线中的位置:上升阶段、顶峰阶段、下滑期、低谷期(图5-1)。

预计未来10年里,许多核心技术问题将会得到解决(图5-2),可为使用智能合约、通证化和去中心化运作架构的全新商业模型提供新途径。10年以后逐步进入区块链增强阶段,去中心化经济实力、微交易搭配人工智能的智能决策能力、物联网的感官能力等的提升有可能为商业和社会创造前所未有的颠覆性技术架构。

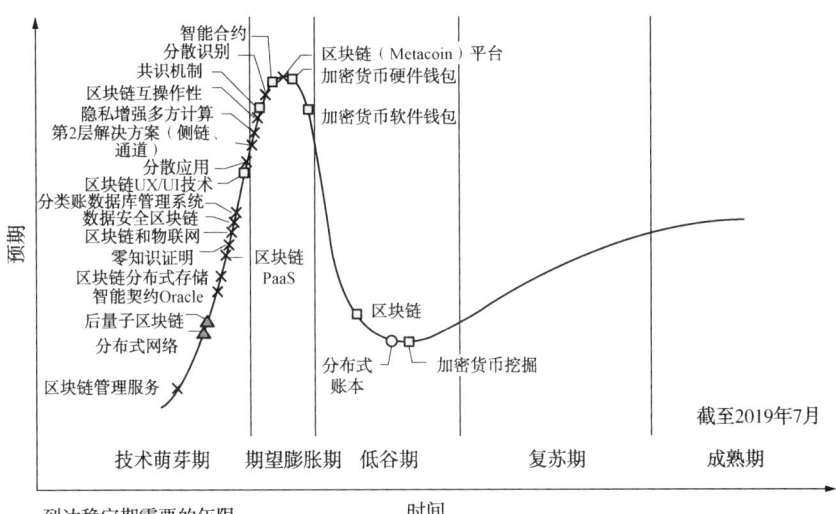

第五章 区块链技术挑战与趋势

图 5-1 区块链关键技术成熟度（Gartner，2019）

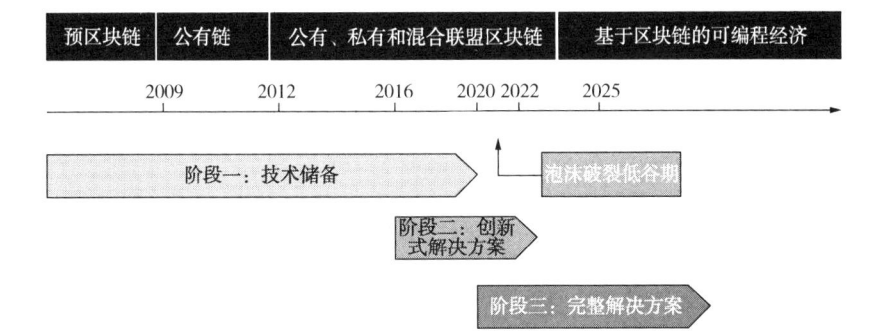

图 5-2 区块链技术阶段演变预测（Gartner，2019）

高德纳的技术成熟度

技术成熟度曲线(The Hype Cycle)诞生于硅谷，又称为技术循环曲线，或者称为炒作周期，是指新技术、新概念在新闻媒体和学术会议上曝光度随时间的变化曲线。1995年开始，全球权威的信息市场研究与顾问公司高德纳（Gartner）每年发布新技术成熟度曲线，分析预测与推论各种新技术的成熟演变速度及要达到成熟所需的时间，描述新技术产生后社会预期随时间变化。曲线分成萌芽期、过热期、低谷期、复苏期和成熟期5个阶段（图5-3）。

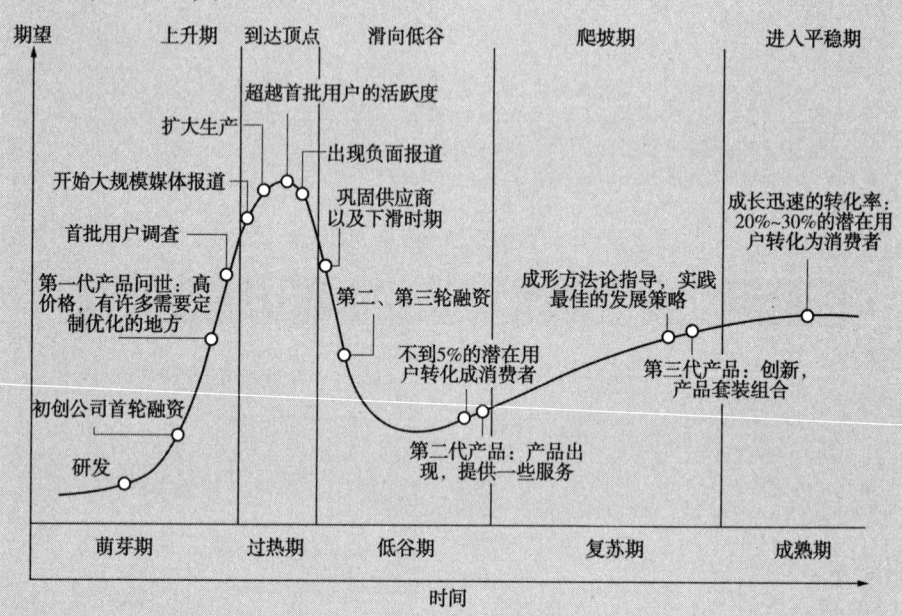

图5-3 高德纳技术成熟度曲线

萌芽期（Technology Trigger）：随着媒体大肆地报道，非理性地渲染，产品的知名度无所不在，然而随着这个技术的缺点、问题、限制出现，失败的案例大于成功的案例。

过热期（Peak of Inflated Expectations）：早期公众的过分关注演绎出了一系列成功的故事——当然同时也有众多失败的例子。

低谷期（Trough of Disillusionment）：在历经前面阶段所存活

的技术经过多方扎实的试验，开始更客观地了解该技术的适用范围及经营模式。

复苏期（Slope of Enlightenment）：随着技术性能的提升、第二代产品的出现，受到媒体与业界的关注度渐渐提高。

成熟期（Plateau of Productivity）：新技术产生的利益与潜力被市场实际接受，逐步完善技术的方法与工具、最佳发展策略与商业化模式，进入了技术成熟阶段。

二、技术发展方向

尽管2018年和2019年被称为区块链商用元年，但除加密数字货币之外，区块链始终未出现"撒手锏应用"。这与区块链核心技术性能一直未有重大进展有关。尽快寻找有效方案，实现关键技术突破，增强完善区块链领域的理论基础与关键技术才能推动区块链的广泛应用。未来的区块链需在区块链体系结构、共识算法、智能合约、隐私保护、跨链交易等方面进一步研究发展。

1. 系统架构

系统架构是区块链系统运行的基础，但随着用户数量、系统规模的不断增加，吞吐量低、交易确认时间长、共识节点接入速度慢、存储资源浪费等问题愈发突出，制约了用户使用与行业拓展。围绕公有链和联盟链融合、并行化和链上链下协同等新型架构，工业界和学术界不断推进区块链结构设计方面的研究工作。

公有链和联盟链不断融合演进。联盟链让节点数得到了精简，能够使系统运行效率更高、成本更低，在单位时间内能够确认的交易数量比公有链大很多，更容易在现实场景中落地；但联盟链不具备公有链的可扩展性、匿名性和社区激励。随着应用场景日趋复杂，公有链和联盟链的架构模式正在融合，出现公有链在底层面向大众、联盟链在上层面向企业的混合架构模式，逐渐形成一种新的技术生态。

并行化、链上链下协同等新型架构为区块链的性能和资源占用问题提供了新的解决方式。区块链分片技术（Sharding）采用并行化思想，将用户划分到不同的网络分片内，并行处理不相交的交易集合，进而提升整体性能，但处理涉及不同分片的交易时，需要经过复杂的跨片通信，开销很大。Plasma通过利用侧链层次树划分整个网络，用"分治"来扩大交易规模。闪电网络（Lightning Network）作为一种链上、链下协同架构，以类比特币区块链为基础，将交易过程放在链下，进行链下快速交易，而链上交易仅用于担保与结算。闪电网络与分片技术、Plasma等技术结合，可以进一步提升交易处理能力。

2. 共识算法

共识算法保证了区块链系统中各节点可以维护相同的交易秩序，在区块链中扮演着核心的地位，决定谁有记账的权利以及记账权利的选择过程和理由，因此一直是区块链技术研究的重点。目前，应用比较广泛的、常见的共识算法包括工作量证明（PoW）算法、股权证明（PoS）算法、授权股权证明（DPoS）算法以及实用拜占庭容错算法（PBFT）等，根据适用场景的不同（表5-1），呈现出不同的优势和劣势，例如，PoS不确定性高，PoW资源消耗严重，PBFT无法支持大量节点达成共识。

为了适应实际应用的需求，一些新型共识算法不断被提出。Algorand通过密码抽签机制随机选取一组验证者使用优化的拜占庭协议来提高共识效率；Bitcoin-NG通过工作量证明选取的领导者发布交易微块，一定程度上改善了比特币区块链PoW共识的性能；投注共识

Casper锁定验证人的保证金，非法节点恶意攻击网络会面临保证金被没收的风险，由此提升PoS算法的安全性。

然而，无论是PoW、PBFT这些经典共识算法，还是Algorand、Bitcoin-NG等新型算法都面临"三难困境"问题，即区块链系统不可能同时满足"可扩展性、安全性、去中心化"三个目标，必须在性能、安全和开放之间取舍。寻求"三难困境"的最优解将是未来的主要研究方向和技术挑战。

区块链正呈现出根据场景切换共识机制的趋势，将从单一的共识机制向多类混合的共识机制演进，即运行过程中支持共识机制动态可配置，或系统根据当前需要自动选择相符的共识机制。例如，Algorand算法通过密码学的方法，从大量节点中选出少量节点，再用PBFT算法在少量节点之间达成共识。

表5-1 共识机制的使用场景

场景	公式机制	算法举例
不可信环境，节点数未确定	权益类	PoW、PoS、DPoS
不可信环境，节点数已确定	拜占庭类	PBFT 等
可信环境，节点数未确定	非拜占庭类	Raft 等
可信环境，节点数已确定	消息分发机制	Kafka 等

3. 智能合约

区块链为智能合约提供了一个去中心化、不可篡改、公开透明的运行环境，使得智能合约无须信任第三方即可根据预设合约协议自动执行，替代复杂的法律文件。目前，智能合约的脚本语言、工具、框架和方法都处于早期阶段。

智能合约的开发和执行效率则取决于开发语言和执行虚拟机。在目前的生态系统中，智能合约的开发语言不够规范，为了适应智能合约，需要创造新的合约语言或为现有语言增加更为严格的规范和校验。智能合约虚拟机可以分为自主可控的虚拟机和使用成熟的编译运行环境的虚拟机，前者的运行效率还存在较大问题，使用后者运行效率较高，但不可控因素较多，所以编译器的优化、程序集执行环境等是未来研发重点。

智能合约是现实世界契约的计算机化交易协议，在智能合约的编写过程中，开发者无法将所有情况考虑在内，当链上的智能合约没有按照预期运行时，就需要升级智能合约，并对智能合约的行为做出解释。Corda 提出了将合约法律文本与代码结合存储于链上，当合约代码发生未预期的行为时以法律文本为准，但目前代码的升级缺乏灵活性，所以一套可升级且可解释的智能合约完整技术方案是智能合约大规模应用的关键所在。

现存的各类智能合约及其应用的本质逻辑是根据预定义场景的"IF-THEN"类型的条件响应规则，满足目前自动化交易和数据处理的需求。未来的智能合约将由自动化向智能化方向演化，即根据未知场景的"WHAT-IF"推演计算，并有一定程度的自主决策。

4. 隐私保护

区块链隐私保护是为了解决分布式账本公开的情况下最大限度地保护用户隐私。目前，主要通过直接或间接隐藏用户关键信息来实现。典型的隐私保护技术包括：间接隐藏交易涉及的关键信息的混币技术、隐秘地址、环签名技术，直接隐藏信息的零知识证明算法等。间接隐藏技术在可靠性方面存在不足，直接隐藏技术存在可信赖和效率低下的问题。设计既能保证高效安全，还能保证交易关键信息隐藏与交易有效性验证的技术方案是未来研究的主要方向。

同态加密、零知识证明、多方计算等技术是隐私保护的研究重点。

同态加密在保证信息不解密的情况下进行运算。零知识证明即证明者能够在不向验证者提供信息本身内容的情况下，使验证者相信某个论断真实可信，保证身份的匿名性。在实现匿名性过程中，需要的证明信息所花费的计算资源非常多，会导致大量资源浪费，可扩展性受限，同时将会给追踪与监管带来非常大的挑战，造成一系列社会问题。安全多方计算是解决一组互不信任的参与方之间隐私保护的协同计算问题。如何在保护用户隐私的情况下，与交易性能进行平衡是隐私保护技术下一步的研究重点。

5. 跨链技术

随着区块链技术被广泛应用于加密数字货币、资产追踪、身份管理等领域，产生了很多分立的区块链系统。当下区块链技术纷繁芜杂，各成一派，彼此之间还无法进行价值和数据的交换，让价值跨过链和链之间的障碍直接进行流通，实现价值最大化，成为区块链越来越凸显的需求。

跨链是在两个独立的账本间进行资产、数据互操作的过程。基于不同的区块链底层技术的区块链行业应用，如果因为独立的区块链网络之间不能连通，而无法进行数据和资产的互操作，则会限制价值的流通，阻碍生态的构建和发展。跨链技术可以理解为连接各区块链的桥梁，满足不同区块链间的资产流转、信息互通、应用协同，使区块链适应于场景复杂的行业，以实现多个区块链之间无缝地交互、转移资产和其他信息。随着区块链网络、标准、协议的发展，这种在跨行业网络、合作伙伴生态系统中进行事务流转换和资产交换的互操作需求将不断增加。如果跨链技术没有解决，各大区块链都将成为孤岛，势必会降低区块链社区的活力，从而限制整个区块链网络和生态系统的发展。

目前主流的跨链技术包括公证人机制(Notary schemes)、侧链/中继(Sidechains/relays)和哈希锁定(Hash-locking)等。跨链技术重点解决跨链交易中有效性、可扩展性、原子性等问题,代表性的研究内容有成对通信、Interledger、Cosmos、Polkadot 等。这些技术大多面向跨链某一具体场景,成对通信仅限于交易存在性验证,Interledger 和 Cosmos 用于跨链转账功能,Polkadot 支持的跨链类型较为丰富,但是处于非常早期的方案设计阶段。随着跨链交易的需求不断增加,迫切需要安全、高效且通用性好的跨链技术方案。

6. 性能方面

性能问题是制约区块链技术未来大规模应用的重要瓶颈之一。当前应用广泛的公有链(如比特币、以太坊)和联盟链(如超级账本)都无法支持高频交易的场景,在吞吐量方面与高频交易(如支付、大规模物联网)的实际需求存在几个数量级的差距。为了弥补这种差距,性能优化方面的研究将持续开展,包括底层架构层面、协议和算法层面的。

中国科学院计算技术研究所正在开展高通量区块链技术研究,通过构建交易图谱,将原始区块链切分为很多切片,并行处理不同分片的交易记录,使用流水化技术优化共识效率,并通过随机轮换记账节点集合机制,在提升效率的同时保障安全性。

为了提高区块链运行效率,提出了基于区块链信任机制的可扩展协议 Bitcoin-NG,能够在容忍拜占庭问题、保障系统安全可信的同时,实现更高的吞吐量和更低的延迟。针对节点运行效率,提出 BPC 行为模式聚类算法,根据区块链网络中节点行为进行自动聚类,以节省全网节点耗费的算力成本,识别网络中异常行为节点,管理和维护区块链系统。此外,学者们通过提出记录完整性证明方案、实施可选择的智能合约,将区块链、物联网、机器学习算法、人工智能等相融合,对区

第五章 区块链技术挑战与趋势

块链技术进行优化和完善。

三、应用发展趋势

虽然区块链技术还处于起步阶段，但是大量试验性项目已启动或运行，在众多行业多种商业场景下的应用探索也正在开展，实用的区块链应用案例不断在全球范围内出现，并逐渐进入生产阶段。金融行业与区块链特性的天然适配，使得该行业的探索和创新正如火如荼，支付清算率先进入高速发展期。在公有链落地困难的情况下，以联盟链形式与垂直行业结合的落地应用逐渐兴起，联盟链成为区块链现阶段的主要落地方式。

从应用成熟度曲线看(图5-4)，区块链的应用发展处于市场启动期，世界范围内的政府、科技巨头、行业巨头纷纷涌入；目前正迈入高速发展期，预计未来5~10年，一批独角兽企业将出现，大公司或政府项目陆续商业化落地；到2030年，区块链将成为底层架构，基于区块链架构的应用蓬勃发展。

Gartner发布的2019年区块链业务技术成熟度曲线表明，区块链将

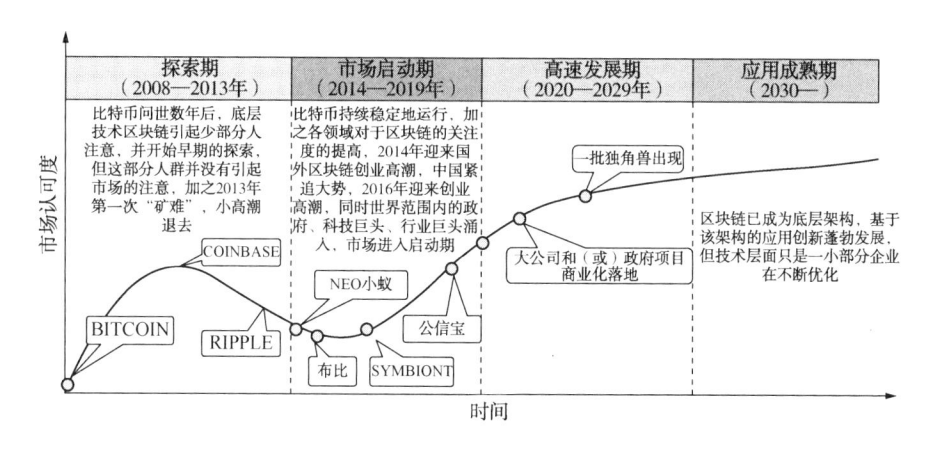

图5-4 区块链商业应用发展模型

163

在未来5~10年内改变大多数行业的业务。Gartner 对公司首席信息官的调查显示：60%的首席信息官预计，未来3年区块链技术的采纳度将提升，虽然他们不确定区块链会给业务带来什么样的影响。目前，因企业受制于现有的数字化基础设施以及缺乏明确的区块链治理方案而无法充分挖掘区块链的价值。对于银行和投资服务行业，18%的首席信息官表示，他们已采纳或者将在未来1年内试用区块链技术，另有15%的首席信息官表示将在2年内采用该技术。虽然大多数企业的区块链项目都停留在试验阶段，但是随着支持场景应用的核心技术成熟，区块链将为企业带来显著的效益。

Gartner 的 2019 年区块链业务技术成熟度曲线，从业务的角度概括了区块链技术在不同行业应用的成熟度曲线中的位置(图 5-5)。

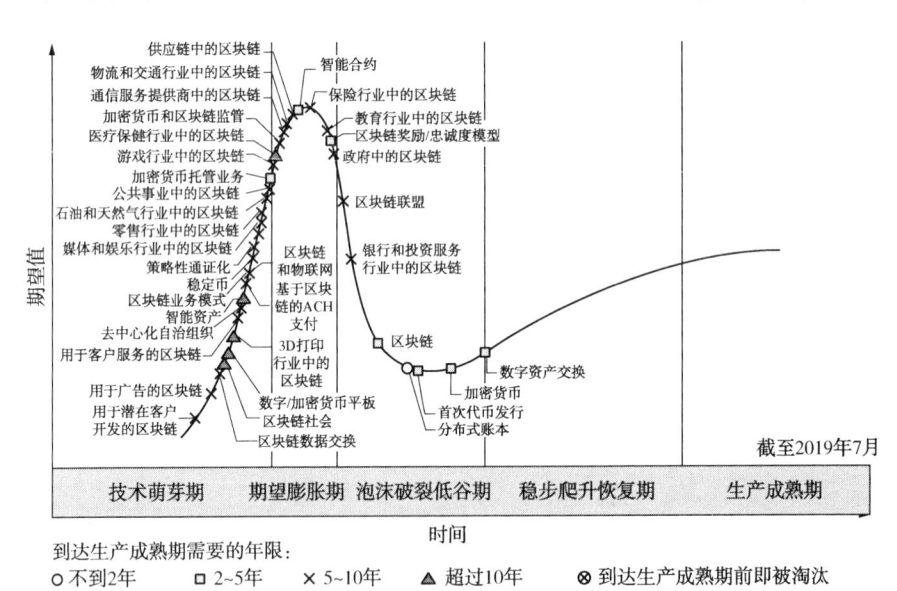

图 5-5　2019 年区块链业务技术成熟度曲线

Gartner 预测，数字代币仍将继续被创建和接受，但在标准、监管框架和能力组织架构等非技术活动层面仍有大量工作有待完成，只有完成了这些工作，这项技术才能进入生产成熟期。另外，还需要建立区块链生态圈，企业才能充分挖掘区块链的价值。

目前，区块链技术的落地应用主要是利用了区块链技术的特征对原有业务模式的改进。多个关键领域试验经验显示，区块链具有改变所有行业业务模式的潜力。随着应用规模的扩大，未来将催生大量的以区块链为创新点的颠覆性应用，并由此改变技术经济范式，改变企业、社会的组织管理方式与治理模式。

1. 联盟链或成为未来的主流方向

现有的中心化组织很难接纳公有链，被认为是多中心的联盟链将成为主要的发展形式。这既可以满足现有组织的部分中心化要求，又在一定种程度上降低了对于中心化组织的依赖。

联盟链和公有链相比，在高可用、高性能、可编程以及隐私保护上更有优势，它被认为是"部分去中心化"或者是"多中心"的区块链。此外，联盟链相对于公有链非常重要的特点就是节点准入控制与国家安全标准支持，确保认证准入、制定监管规则符合监管要求，在可信安全的基础上提高交易速度。

企业级的区块链应用将主要以联盟链为基础，由若干个机构共同参与记账，即联盟成员通过对多中心的互信达成共识。联盟链的数据只允许系统内的成员节点进行读写和发送交易，并且共同记录交易数据。

联盟链作为支持分布式商业的基础组件，更能满足分布式商业中的多方对等合作与合规有序发展要求。例如，联盟链更适合组织机构间的交易和结算，类似于银行间的转账、支付，通过采用联盟链的形式，可以打造一个良好的内部生态系统来大幅提高效率。

2. 区块链即服务加速应用落地

区块链与云计算结合发展出的区块链即服务(Blockchain as a Service，BaaS）将为用户提供更好的区块链服务。BaaS 服务商比区块链底层技术提供商更注重与垂直行业的对接，提供合理的智能合约模板、良好的账户体系管理、良好的资源管理工具及定制化的数据分析和报表系统。

区块链与云计算结合，可以有效降低区块链部署成本。一方面，预配置的网络、通用的分布式账本架构、相似的身份管理、分布式商业监控系统底层逻辑、相似的节点连接逻辑等被模块化，抽象成区块链服务，向外支撑起不同客户的上层应用；用云计算快速搭建的区块链服务，可快速验证概念和模型可行性。另一方面，云计算按使用量收费，利用已有基础服务设施或根据实际需求做适应性调整，可实现应用开发流程加速，部署成本降低，满足未来区块链生态系统中初创企业、学术机构、开源组织、联盟和金融机构等对区块链应用的服务需求。

以云计算平台为依托，区块链开发者可以专注于将区块链技术应用到不同的业务场景，帮助用户以更低门槛更高效地构建区块链服务，同时推动自有产业转型升级，为客户创造全新的产品、业务和商业模式。

3. 区块链与其他技术融合发展

伴随区块链技术在安全和性能上的提高、监管等功能的完善，以及区块链技术与人工智能、云计算、大数据、物联网等新技术的融合，将不断拓展出更多可应用的新空间。

区块链是数据存储的一种方式，大数据技术是对大量数据的整合、筛选及分析，二者结合可以优化数据的分析、挖掘能力，提高数据的整合效率，降低数据维护成本，保障数据私密性。在计算区块的哈希值时，可以采用云计算的方式，不再依赖于本地计算能力，加快计算速度，同时更有效地利用计算机资源。与人工智能技术结合，深度挖掘数据价值。区块链与物联网的结合，对物流位置和商品运输情况进行实时跟踪和监控，形成真实、完整的资产信息，与信息流同步上链，能够更有效地控制物流风险；去中心化的分布式物联网结构，实现大量设备联网的自我治理，能够避免因不断增加的联网设备及其中心化管理模式带来的基础设施投资和维护成本大幅增加。

区块链与物联网和人工智能技术深度融合，将进一步发挥其在实体产业应用的最大价值。以区块链为底层核心技术，结合物联网、大数据等技术，成为产业建设数字化基础设施，将催生新的商业模式、业务模式。区块链技术将带动新一轮创业创新浪潮。无论何种规模的公司，在区块链领域都会拥有创新和突破的良机。

参考文献

[1] 中国信息通信研究院. 区块链白皮书（2018年）[R/OL]. https：//www.coingogo.com/news/13744.

[2] 中国工业和信息化部信息中心. 2016年中国区块链技术和应用发展白皮书[R/OL]. http://www.360doc.com/content/19/1222/23/33479191_881467854.shtml.

[3] 川财证券区块链技术调研报告之二《区块链技术进化论——区块链技术的国内实践和展望》[R/OL]. https：//ishare.iask.sina.com.cn/f/1Qxd0qWlx3Lz.html.

[4] 袁勇, 王飞跃. 区块链技术发展现状与展望[J]. 自动化学报, 2016, 42(4): 481-494.

[5] 赵越, 照生. 零壹财经与数字资产研究院联合发布《中国区块链政策普查报告（2019）》[R/OL]. https：//xueqiu.com/1855686580/137532190.

[6] 姜业庆. 区块链加速商业银行数字化转型[OL]. https：//www.cebnet.com.cn/20200121/102634546.html.

[7] [英]丹尼尔·德雷舍(Daniel Drescher). 区块链基础知识25讲[M]. 马丹, 王扶桑, 张初阳, 译. 北京：人民邮电出版社, 2018.

[8] Gartner. Gartner 2019：区块链技术成熟度曲线[R]. https：//www.jinse.com/blockchain/555913.html.

[9] 江晓波,罗彧,曹学伟.区块链的现在和未来——评估分布式账本技术的多维影响[J].今日科苑,2020(3):16-20.

[10] 张一峰,杨朋.区块链御"风"而来,油气企业准备好了吗?[J].中国石油和化工,2019(11):34-35.

[11] 陈戈.数字经济发展赋能智慧社会建设[J].中国信息界,2019(6):28-31.

[12] 冥古宙-区块链思维研究报告[R].艾瑞咨询系列研究报告(2018年第9期).上海艾瑞市场咨询有限公司,2018:412-442.

[13] 程学庆,董大勇,郭姝辛,等.战略投资:时髦概念背后的深层功夫与系统能力[M].成都:西南交通大学出版社,2017.

[14] 工业区块链应用白皮书[R/OL].https://max.book118.com/html/2019/1114/7200056112002102.shtm.

[15] 工业和信息化部信息中心.中国区块链技术和应用发展白皮书(2016)[R/OL].http://www.cbdio.com/BigData/2016-10/21/content_5351215.htm.

[16] 海云.认识规律 把握现实 引领未来[N].学习时报,2020-01-06(6).

[17] 任仲文.区块链领导干部读本[J].人民法治,2019(23):104.

[18] 范幸.区块链技术市场前景分析[J].张江科技评论,2019(6):60-63.

[19] 朱幼平.区块链改革:数字时代财富增值的新逻辑[J].张江科技评论,2019(6):18-20.

[20] 胡滨,杨楷.监管沙盒的应用与启示[J].中国金融,2017(2):68-69.

[21] 区块链技术在金融领域的应用与思考[OL]. http://www.ciotimes.com/blockchain/175387.html.

[22] 李华才. 区块链与医疗卫生信息化[J]. 中国数字医学, 2019, 14(12): 1.

[23] 张瑞. 基于互联网金融的矿产勘查融资平台研究[D]. 北京: 中国地质大学(北京), 2018.

[24] 肖扬. 顶层规划出炉 5G引领跨越式发展[N]. 金融时报, 2020-01-20(007).

[25] 区块链关键技术要素和技术发展、产业发展态势分析[OL]. http://www.ciotimes.com/blockchain/182956.html.

[26] 李衎. 区块链的大航海时代[J]. 中国中小企业, 2019(12): 16-19.

[27] 王观. 三问区块链[J]. 河南电力, 2018(4): 72-74.

[28] 抓住区块链这个机遇 做数字经济领跑者[OL]. https://www.sohu.com/a/224486383_741306.

[29] 张亮, 刘百祥, 张如意, 等. 区块链技术综述[J]. 计算机工程, 2019, 45(5): 1-12.

[30] 陈姝. 区块链发票突破1000万张[N]. 深圳商报, 2019-11-01(A10).

[31] 白杨. 基于区块链的分布式系统研究与应用[D]. 西安: 西安电子科技大学, 2019.

[32] 陈纯. 院士科普"区块链"[J]. 中国中小企业, 2019(12): 30.

[33] 王军. 区块链对银行业意味着什么?[N]. 上海证券报, 2018-02-28(6).

[34] 工业和信息化部信息中心. 2018中国区块链产业白皮书[R/

OL]. https：//www.jianshu.com/p/b3b8a0749764

[35] 周亮瑾. 基于区块链和分布式数据库的铁路旅客隐私保护技术研究[D]. 中国铁道科学研究院, 2018.

[36] 刘童桐. 区块链共识机制研究与分析[J]. 信息通信技术与政策, 2018(7)：26-33.

[37] 颜拥, 赵俊华, 文福拴, 等. 能源系统中的区块链：概念、应用与展望[J]. 电力建设, 2017, 38(2)：12-20.

[38] 翟社平, 杨媛媛, 张海燕, 等. 区块链中的隐私保护技术[J]. 西安邮电大学学报, 2018, 23(5)：93-100.

[39] 黄佳, 明红娟. 区块链技术在数字票据交易平台中的应用[J]. 湖北理工学院学报：人文社会科学版, 2018, 35(6)：41-44.

[40] 政产学研协同 推动区块链技术和产业发展[N]. 中国电子报, 2016-10-11(8).

[41] 刘若飞. 区块链前景：无处不在的价值交换[J]. 互联网经济, 2018(3)：34-39.

[42] 孙毅, 范灵俊, 洪学海. 区块链技术发展及应用：现状与挑战[J]. 中国工程科学, 2018, 20(2)：27-32.

[43] 华为区块链白皮书[OL]. https：//wenku.baidu.com/view/43fb8e8888eb172ded630b1c59eef8c75ebf9570.html.

[44] 数字货币的背面：如何监管？[OL]. https：//baijiahao.baidu.com/s?id=1640599846567523777.

[45] 戴闰秒. 中国虚拟货币或试行"监管沙盒"[N]. 中国经营报, 2017-07-03(A07).

[46] 刘孝男, 王永涛, 白云波. 区块链+时代, 行业面临的机遇与挑战[J]. 中国信息安全, 2017(8)：100-103.

[47] 左越．区块链技术和产业发展论坛为技术发展指明方向[J]．信息技术与标准化，2016（11）：9．

[48] 龚雪．区块链数字版权保护技术应用前景分析[J]．传播与版权，2018（7）：182-184．

[49] 区块链：颠覆者还是乌托邦？[OL]．http：//www.360doc.com/content/18/0309/22/32330583_735771000.shtml．

[50] 李倩．中国区块链产业的发展的六大特点和六大趋势[OL]．http：//www.elecfans.com/d/682223.html．

[51] 区块链产业白皮书[OL]．http：//www.doc88.com/p-9015012807716.html．

[52] 福建日报．工信部白皮书：我国区块链产业生态初步形成[J]．科技与金融，2018（6）：4．

[53] 吴浩．我国区块链产业生态初步形成[J]．企业党建，2018（6）：2-3．

[54] 秦牧．产业生态已初步形成区块链方兴未艾[N]．机电商报，2018-05-28（A03）．

[55] 杨毅．资本瞄准区块链细分应用领域[N]．金融时报，2018-07-05（6）．

[56] 黄奇帆．"区块链"有三个问题无法回避[J]．中国经济周刊，2019（22）：101-104．

[57] 谈毅．基于共识的治理模式：区块链应用前瞻与情境[J]．人民论坛·学术前沿，2018（12）：18-23．

[58] 黄震．区块链在监管科技领域的实践与探索改进[J]．人民论坛·学术前沿，2018（12）：24-32．

[59] "区块链+供应链金融"：沉睡的巨人正渐渐苏醒[OL]．

https：//new.qq.com/omn/20190118/20190118A05LSG.html.

[60] 付一夫，赵一洋．国家定调的区块链，将如何重塑供应链金融？[J]．金融经济，2019(23)：18-21.

[61] 付一夫，赵一洋．"资产荒"背景下的"区块链+供应链金融"新希望[OL]．https：//baijiahao.baidu.com/s?id=1622057161349240656.

[62] 赵鹞．区块链技术在金融行业应用研究[J]．武汉金融，2018(3)：10-15,20.

[63] 张宁，王毅，康重庆，等．能源互联网中的区块链技术：研究框架与典型应用初探[J]．中国电机工程学报，2016，36(15)：4011-4023.

[64] 王林．"区块链+能源"进入黄金发展期[N]．中国能源报，2020-01-06(7).

[65] 罗琪．区块链技术在公益领域的发展现状与展望[J]．福建质量管理，2018(13)：285.

[66] 谢辉，王健．区块链技术及其应用研究[J]．信息网络安全，2016(9)：192-195.

[67] 王涵．基于区块链技术的社会公益行业的发展趋势研究[J]．科技经济导刊，2018，26(36)：158-160.

[68] 张磊磊．《区块链司法存证应用白皮书》发布[J]．金融科技时代，2019(7)：91.

[69] 王林．能源贸易从"纸张"走向"电子"[N]．中国能源报，2017-11-13(7).

[70] 详解首个国家数字法币"石油币"，破冰的意义[OL]．https：//www.sohu.com/a/223466664_116132.

[71] 能源区块链：让曙光照进全球能源互联网[OL]．https：//

www.jinse.com/blockchain/204700.html.

[72] 潘寅茹.委内瑞拉石油币 原油背书,也需"矿工"[N].第一财经日报,2018-02-22(A01).

[73] 蔡译萱.区块链在能源领域有哪些应用?[J].新能源经贸观察,2017(8):86-88.

[74] 国际石油二〇一九年十大科技进展[N].中国石油报,2020-01-10(3).

[75] 中化集团实现全球首单有政府部门参与的能源出口区块链应用试点[OL].https://www.pintu360.com/n3771.html.

[76] 赵宇航.寻找工业区块链的场景样板:这家公司正用区块链解决能源化工跨境贸易的流程痛点[OL].http://tech.ifeng.com/a/20180510/44988098_0.shtml.

[77] 祝嫣然.央企频繁布局区块链科技创新,国网区块链公司成立[OL].https://www.yicai.com/news/100378775.html.

[78] 吴莉.区块链将给石化业带来什么[N].中国能源报,2019-11-25(19).

[79] 姜娜.区块链对油气行业价值几何?[N].中国矿业报,2019-11-04(3).

[80] 于民.世界石油工业规律研究和前景综合预测(上)[J].石油化工技术经济,1998(5):13-17.

[81] 王晨光.当石油石化遇上区块链[N].中国石化报,2019-11-13(4).

[82] 赵泹凡,孙键,王敏生,等.区块链技术助推油气勘探开发数字化转型[J].中国石化,2018(10):70-72.

[83] 崔玉波.技术创新:走出低油价困局的必由之路?[J].石油知

识，2017（2）：4-5，9.

[84] 李斌，陈能学，张梅，等. 论油气田开发系统的复杂性及不确定性[J]. 石油科技论坛，2003(5)：20-29.

[85] 雷曼. 应用区块链技术提升电子文件管理有良好前景[J]. 中国石化，2019（8）：58-59.

[86] 张明裕. 区块链驱动供应链金融创新[J]. 新理财，2017（11）：28-30.

[87] 沈鑫，裴庆祺，刘雪峰. 区块链技术综述[J]. 网络与信息安全学报，2016，2(11)：11-20.

[88] 陈鹏. 区块链技术发展现状及面临的挑战[J]. 理论导报，2019（10）：23-25.

[89] 邵奇峰，金澈清，张召，等. 区块链技术：架构及进展[J]. 计算机学报，2018，41(5)：969-988.

[90] 全面解析物联网、云和大数据到底何方神圣？[OL]. http://news.rfidworld.com.cn/2015_12/d5b5f4f2379a6576.html.

[91] 巴洁如. 区块链技术的金融行业应用前景及挑战[J]. 金融理论与实践，2017(4)：109-112.

[92] 张滨. 区块链安全风险研究[J]. 电信工程技术与标准化，2017，30(11)：1-5.

[93] 基于区块链模块化高效率基础设施"Luther"介绍[OL]. https://www.docin.com/p-2145503967.html.

[94] 程晨，张毅，宁晓静，等. 国外区块链研究主题及展望[J]. 电子政务，2018(6)：11-21.

[95] 王同良. 油气行业数字化转型实践与思考[J]. 石油科技论坛，2020，39(1)：29-33.

［96］ 中化能源科技有限公司，中国石油国际事业有限公司，麦格理集团大宗商品及全球市场，等. 能源石化交易行业区块链应用白皮书［R/OL］. https：//finance. sina. cn/2020-05-15/detail-iirczymk1830204. d. html.

［97］ 李礼辉：数字货币可能重构全球货币体系［OL］. http：//finance. sina.com. cn/zl/bank/2020-05-06/zl-iirczymk0084540. shtml.

附录　术语及缩略语解释

附录1　术　　语

（1）区块链。

一种使商业网络中的各参与方能看到账本。每个交易或资产转移经过数字签名和加密，构成一个区块；每个区块首尾相连，形成唯一的数据结构，不可变、不可逆转的链。

（2）区块链技术。

利用块链式数据结构来验证与存储数据，利用分布式节点共识算法来生成和更新数据，利用密码学的方式保证数据传输和访问的安全，利用由自动化脚本代码组成的智能合约来编程和操作数据的一种全新的分布式基础架构与计算范式。

（3）分布式账本。

一个可以在多个站点、不同地理位置或多个机构组成的网络成员中共享、复制和同步的数据库或记录系统。分布式账本记录网络参与者之间的交易，比如资产或数据的交换。这种共享账本消除了调解不同账本的时间和开支。

（4）共识机制。

区块链系统中实现不同节点之间建立信任、获取权益的数学算法，一种针对问题达成共识的方法。在区块链中，共识机制也是区块链的底层技术,也是最为重要的技术。它的存在就是为了完成节点间信息同步、交易的确认、网络运行等重要任务。常见的共识机制有工作量证明、股权证明、授权股权证明、实用拜占庭容错算法等。

(5)智能合约。

一种运行在区块链上的一段计算机程序,用计算机语言取代法律语言去记录条款的合约,运行在区块链上扩展了区块链的功能,丰富了区块链的上层应用。

(6)签名。

一种让人可以证明所有权的数学机制。就像日常生活文件中的手写签名一样,即能证明所属权的唯一标识。在区块链中,普遍用私钥进行签名。

(7)参与者。

商业区块链网络是一个集体共享的对等网络,由一组可识别且可验证的参与者运营。参与者可以是个人或机构,比如企业、大学或医院。

(8)资产、交易。

任何可被拥有或控制来产生价值的事物都是资产。资产可以是货币以及法律定义的、实体的或是电子、有形的或无形的。交易是指资产转移,将资产转移到账本或从账本将资产转移出去。

(9)挖矿。

比特币系统中争取记账权从而获得奖励的活动。

附录2 缩 略 语

BaaS(Blockchain as a Service)——区块链即服务

PoW(Proof of Work)——工作量证明

PoS(Proof of Stake)——股权证明

DPoS(Delegated Proof of Stake)——授权股权证明

PBFT(Practical Byzantine Fault Tolerance)——实用拜占庭容错算法

ICO(Initial Coin Offering)——首次币发行

IoT(Internet of Things)——物联网

CBDC(Central Bank Digital Currency)——央行数字货币

DCEP(Digital Currency Electronic Payment)——中国人民银行发行的法定数字货币